Fail Fast!
速い失敗が未来を創る

コロナ後を勝ち抜く36の視点

藤田浩之
Hiroyuki Fujita
クオリティー・エレクトロダイナミクス（QED）創業者・CEO
キヤノンメディカルシステムズ
CTMR事業統括部CTO

ウェッジ

はじめに

コロナ禍が突きつけたリーダーに必要な実行力

実行力で世界を圧倒的にリードする米国

「完全にコントロールできている！　全く大丈夫だ」

米国で新型コロナウイルスの感染者が初めて確認された2日後にこう述べたドナルド・トランプ大統領（当時）は、その後もしばらくマスクの着用を拒否し続けた。その影響もあって、多くのトランプ支持者たちもマスクを着けなかった。

そもそも義務教育で学ぶブラウン運動（物体の不規則運動）と拡散の知識があれば自明のことだが、マスク着用の効果があるかどうかという議論が米国で専門家や医療関係者の間でも起こったことに私は驚いた。

だが、結果として本書刊行直前で、米国での感染者数は３４００万人近くに、死者は60万人近くにものぼった。人種分断問題も含め、もはやこれが先進国なのかと目を疑う惨状だったが、２０２１年に入って以降、ワクチンが米国のいくつかの会社から世界に先駆けて開発され、ものすごいスピードで国民へのワクチン接種プログラムを展開していることにも米国の底力を見た。

さらに接種に対して消極的なグループを動機づけるために、オハイオ州では1億円の懸賞金を出したり、いくつかの州では学生に大学の学費を抽選で支払ったりするなどの奨励策を実行した。**米国はじつに様々な問題を抱えている国だが、やはり決定するとなると、やることが速い。**

私自身、3月中旬には、オハイオ州のクリーブランド・クリニックでワクチン（ファイザー製）を2回にわたって接種した。私が理事を務めるオハイオ州立大学（ＯＳＵ）ではもっと前に打つことができたが、私の住むクリーブランドから、ＯＳＵのある州都コロンバスまでは自動車で片道2時間半かかるため、クリーブランド・クリニックでの機会を待っていたのだ。

一方で日本はどうだろうか。米国のように政権交代すれば官僚人事が総とっかえされるわけでもなく、国民の学力で平均値をとれば間違いなく世界トップクラスの日本ではあるが、3月時点でG20中、最もワクチン接種が進んでいない国となっていた。もっと言えば、科学大国であるはずの日本は、なぜワクチンを自国で生産することができないのか……。

米国では1月、あろうことか、トランプ支持者たちが連邦政府議会に乱入するという前代未聞の事件が起きた。そんな状況にもかかわらず、日本よりも順調にワクチン開発がなされ接種が進んでいる。このことに何かしら学ぶことができるはずだ。

ではなぜ、米国にはそれが可能なのか。私は米国に住んで30年を超すが、**この国の強みは「実行する力」であり、本書のタイトルでもある“Fail Fast!”にあると考える。速く失敗して（ダラダラ失敗しないで）、そのことから学びを得ることで、失敗は失敗でなくなる――成功の元になるのだ。**

誰でも未知の事柄に遭遇すれば、開拓精神さながらに、自ら道を切り拓いていく。そのようにして、人種、文化的な背景がバラバラな人々が共にマーチ（行進）していくのだ。

米国は多民族・多人種国家で民主主義を掲げているが、世界中の国家が開かれ民主化される過程で将来起こり得る問題を、ある意味で先に提示しているのだ。逆に言うと、米国が失敗するとき、人類にあまり希望はないということだ。だから人類のためにも米国に失敗は許されない。

トランプ氏は許容できない人種差別的な発言もしたが、ワクチンの生産を急がせるために製薬会社へプレッシャーをかけると共に、予算も確保した（「ワープ・スピード作戦」により約100億ドル、日本円で約1兆1000億円を確保）。また、非常時下、この短期間での新薬承認にＦＤＡ（米国食品医薬品局）も尽力した。

この一丸となった国策が、現在に好影響を生み出す結果につながっていることは間違いない。**リーダーから「今しないといけないことは何か？」が示されれば、それぞれの担当者が「自分の頭で考えて行動する」ということが徹底されている**のだ。

私は2月の終わり、もう10年目を迎え、毎年恒例になっている立命館守山高校（滋賀県）の生徒の皆さんに、次のようなメッセージを送った。

「自分たちの頭でよく考えよ。わからないことには、どうしてと疑問をもち、自分たちで考えることが大切だ」

実際、会社を起業するにしても、教科書や手順書、ルールがあるわけではない。人生と同じく、道なき道を自ら切り拓いていくしかないのだ。

既知のことを暗記させるといったことが主流である日本の教育のあり方も、コロナ禍を機にあらためて真剣に見直してみる必要があるのではないだろうか。間違っていることを知りながら改めもせず、それを放りっぱなしにしておくのは罪である。

日本人にも人ごとではない米国の人種差別問題

米国ではコロナ禍によって、アジア系の人々が不当な差別・偏見を受けているという実態が浮き彫りになった。嫌がらせや暴力がエスカレートし人命をも奪うヘイトクライムの多発により、米国内で問題視されるとともに不安が広まった。トランプ氏も「チャイナ・ウイルス」といった差別的な発言をした。

このところ、私が様々な理事会や委員会に出席するなかで必ず話題に上るのが「ＢＩＰＯＣ」という言葉だ。〝Black, Indigenous and People of Color〟の略で、「黒人、先住民および有色人種」という意味になる。

昨年来のＢＬＭ（Black Lives Matter）運動の影響もあるが、ＢＩＰＯＣという言葉が示すように、「白人対非白人」あるいは「白人対有色人種」という構図になっているかぎり、人種問題は永遠に解決しない。白人が透明人間でないかぎり、「白」もれっきとした色だ。その意味では人類はみんな有色人種なのだ。

米国では大学でも、「白人生徒と有色人生徒」というように入学者が人種によって分類されてしまう。メディアでの取り上げ方も含めて人種意識を日常に埋め込んでしまうと、こういう考えから抜けられなくなる。

実際、白人とは言っても、いろいろな色があるし、前述のように白はそもそも透明なわけでもない。日本人の中でも色の白い人はいくらでもいる。持って生まれた自分でコントロールできない皮膚の色で分けるというのは、非常に短絡的で愚かな考え方だ。

ただし、実際問題として私が出席する取締役会や理事会などで有色人種と言えば、一般的に黒人とヒスパニックのことを指す（これについては、第4章の中で「顔の見えない存在」「永遠の外国人」として触れる）。

そして、有色人種に門戸を開放しないといけないということになれば、もともと社会で認知されている数が少ないために、結果的にいつも同じ人がリーダーになってしまうという問題がある。

「黒人指導者」というような表現をニュースや新聞で見聞したことがあるだろう。一方で「白人指導者」や「アジア人指導者」という言葉を聞いたことがあるだろうか。それだけ、黒人やヒスパニックで高等教育を受けた人が少ないということを意味する。

また、有色人種の人の資質や発言に物足りなさを感じても、そのことを指摘できないということも少なくない。「黒人だから侮辱、差別された」などという相手からの反論を想起してしまうと、どうしても奥歯に物が挟まった言い方になってしまうのだ。一歩、間違えれば人種差別問題となり、米国では訴訟に発展してしまうというケースがたくさんある。

こうした感覚は、日本にいるとわかりづらいと思う。超高齢化が進む日本では、このまま若い人たちが頑張るだけで凌いでいけるのだろうか。現実的には、日本人ではない人種、つまり「移民」を受け入れるしかないのではないか。そうしたときに、このような問題に直面するのだ。だからこそ、今から意識して議論するテーマにしなければならない。

そんな日本でも、２０２１年に創設10周年を迎え、まだ歴史は浅いながらも独自に最先端を進んでいるのが、私が理事を務める沖縄科学技術大学院大学（Okinawa Institute of Science and Technology Graduate University：通称ＯＩＳＴ。５月１日に理事に就任。詳しくは後述する）だ。学生の８割が外国人であり、公用語は英語。学生は自らの研究課題について、教授と話をして、カリキュラムを決めていく。こうした自由度の高い一風変わったユニークな大学が日本の中にあるからこそ、これからに希望が持てる。

リーダーは願望と現実を混同してはいけない

コロナ対策でも、移民問題でも、客観的に物事を考えることが大切だ。

私の専門である物理学がその典型であるが、自然現象や客観的な事実から法則を打ち立て、異なる条件の下でどのようなことが起こるのか、答えを予言する。希望論、願望論を外して本質とプライオリティを理解してこそ、必要となる対策も見えてくるはずだ。

これは企業経営でも同じで、現実を見なければ「自由落下」するだけだ。つまり、倒産に至り、従業員も全員解雇となる。自由落下しないために知力を振り絞るしかない。

今回のコロナ禍で私が従業員に訴えたのは、「我々の存在意義は何か?」をもう一度考えることだった。つまり、「原点に戻る」ということだ。

単にお金を稼ぐだけではなく、医療機器をつくって患者さんの役に立ち、人々のクオリティー・オブ・ライフを上げること――それが、わが社ＱＥＤ（クオリティー・エレクトロダイナミクス）の原点だ。

新型コロナウイルスのような未知の脅威に直面すると、「会社は大丈夫だろうか?」

などと不安に襲われる。それは仕方のないことだが、それをあれこれ考えるのではなく、「原点回帰」を行うことで、さらにより良い製品、サービスを提供していくにはどうしたらよいかを必死に考えて、それを積み上げていくことを訴えた。

例えば、オンライン化、非接触型に社会が変わるなかで、我々の製品、サービスがどう対応することができるのか、というのも一つの論点だ。

このようなコミュニケーションを各部門の幹部ととるために、コロナ禍の中でも、私は週に2、3回の夕食会を欠かさず行った。もちろん、感染対策を整えたうえでだ。2021年に入って社内で数人の感染者を出してしまったが、前年は一人の感染者も出すことなく過ごすことができた。

日本人からすれば、米国人は「ビジネスライクな人々」というステレオタイプなイメージがあるかもしれないが、そうではない。家族とまでは言わないが、やはり、共に食事をしてグラスを交わすことで、信頼感は醸成される。それによって、いざという時には、普段以上の馬力を発揮することができる。食べて、飲んで、話す。これは万国共通して、ものすごく大事だと言って間違いない。

一方で、**危機に際しては、「変化に適応する」ことも重要になる。**例えば、サプライチェーンの見直しだ。製造業で言えば、コロナ前までは、生産コストの低さなどを求めて海外に拠点を求める動きが長らく続いた。しかし、いざ危機が起きてしまえば、サプライチェーンが分断されるため、一部は国内で生産する必要性が出てきた。ただし、企業にとっては当然コストアップの要因になる。

企業努力をすることはもちろんだが、国益、安全保障の観点から政府が戦略的に手を差し伸べる必要性も出てくるだろう。

トップが正確な情報を伝え続けることから始まる

2020年の2月あたりから、米国でも新型コロナウイルス感染者の拡大がはじまった。トランプ氏がコロナの危険性を軽視したこともあって、前述したように「マスクが有効であるか否か」ということが、医学博士まで参加する形で真剣に議論された。

連邦政府の対応の遅れをよそに、私の住むオハイオ州の対応は評価できると思う。州内の有力機関、企業、病院のCEOを招集して知事は対策を練った。

例えば、QEDは社会に欠かすことのできない医療機器を製造しているということから、休業することなく、事業を続けられる会社にカテゴライズされた。

そのため、私自身も、出張の際は別として、毎日会社に出ていた。ただし、製造ラインでは、従業員同士の距離がとれるように、生産効率を犠牲にして、間隔を空けるといった措置を施し、1日2回、業者に頼んで社内の消毒を行うようにした。

こうした対応は社員の安全を確保し生産を継続するだけではなく、万が一、職場で感染者が出た場合の訴訟リスクに備えたものでもある。同時に、「我々は同じ船（会社）に乗っている。役割はそれぞれ違うが、みんなで船を守ることがみんなの生活を守ることになる、つまり一心同体である」という話を社員に何度も行った。

私が一方的に話をするだけでなく、日ごろから社内を回りながら、「質問があれば何でも言ってくれ」と伝えている。ちょうど2月20日は創立15周年の記念日で、各フロアにお礼に回っていると、こんな質問をされた。

「会社のエントランスに、知らない人たちとの写真が飾ってあるのはなぜか？　なぜ我々従業員の写真じゃないのか？」と。いま、170人ほどの従業員がいるのだから、その写真も掲載するべきではないかという意見だ。それに対して、私はこう答えた。

「忘れてはいけないのは、事業は我々だけで成り立っているわけではない。例えば、ここに飾ってある写真の一つは、従業員数十数人ほどの日本の名古屋にある会社の人たちだ。実は、いまここで使っているこの電子製品は、彼らがつくってくれたものだ。つまり、あなたたちが一度も会ったことのない人たちのおかげで、私たちの製品をつくることができている。そんなパートナーの人たちがいることを、あなたたちにも紹介したいと思って飾っているのだ」

私は、その従業員の質問の背後にある「いつかあの知らない人たちに自分の仕事を奪われてしまうのではないか」という不安を読み取った。だからこそ、何も心配することはないということを伝えたのだ。質問した従業員は「良い話を聞いた」と喜んでくれた。このように、一見たわいのない話でも、コミュニケーションをとることに意味がある。

一方で、危機に際して重要なことは正確な情報をタイムリーに伝えることだ。そういった意味で、オハイオ州知事は、毎朝、公衆衛生担当の責任者と、全州民に対して情報発信を行っていた。

企業でも同じことが言える。**特に従業員が、自分の置かれた立ち位置を理解するためには、正確な情報が欠かせない。**そこで私は、これまでは社長、副社長、部長までが出席することとしていた経営会議に、製造部門の時間給のリーダーも入れるようにした。

彼らも、まさに会社がどこに向かうのか心配している。しかし、正確な情報が不十分なために臆測で話をして、正確ではない情報が現場に流布されてしまうリスクがある。これを避けるための措置だ。経営会議で示される各種データなども含めて、フロアに戻ったときに彼らがアンバサダー（情報発信者）になってくれる。これは、社内の意思の統一を図るうえでも非常に有効だった。

私の地元クリーブランドでもロックダウンの影響で、飲食店が廃業するなどといったことも起きたが、〝ゴーストキッチン〟いわば、テイクアウト専業に転身することで生き残った店もある。我々の事業でも同じことが言える。

ＭＲＩのような画像診断装置は、不急なものとして、病院からの発注が激減した。しかし、ここで座していれば、我々の事業はなくなってしまう。そこで、私はポストコロナを意識しながら「次世代技術を磨く」ということで顧客ＯＥＭと交渉して、研究開発費用を獲得することに成功した。製品出荷の減少を研究開発費で穴埋めすることができた格好だ。

かなりハードな1年ではあったが、私の方針を社員一同が支持してくれた。それは、日ごろからの意思の疎通を大事にしていたからこそだと思う。

〝速い失敗〟を積み重ねて「道なき道」を行け

本書の内容は２０１７年5月から２０２０年8月にわたり月刊誌 Wedge に連載された「米国で挑む闘魂経営」がもとになっている。書籍化にあたり、時勢に鑑みて大幅に加筆修正を行い、１９８８年に渡米してから30年以上にわたり直接経験することで学んできた様々な考えをまとめたものである。連載ゆえにテーマは様々だが、出版社のほうから、私の意見の根底には〝Fail Fast!〟があり、それを本書のタイトルにするのがふさわしいと提言してくれた。

読者の方は〝Fail Fast!〟とは一体なにか、わざと速く失敗することがよいのか、と思うかもしれないが、そうではない。何ごとも後になって復習すれば、「ああすればよかった」「こうすればよかった」と考えることがある。要するに同じことを同じ方法でやってみたところで、違う結果を期待することはできない。だから失敗や過ちから、何を学び速く修正して次に活かすか、ということが大切になる。

私は、うまくいかなかった方法をダラダラと続けて失敗することに耐えられない性分だ。「石橋を叩いて渡る」ということわざがあるが、失敗を恐れるあまり、慎重になりすぎて、結局新しいことに挑戦しない風潮が日本にはある。失敗を許さない社会なのだ。

まず「石橋を叩かないで渡る」ことがあってもよいのではないか。その都度、失陥など見つけながら修正しながら渡ればよい。結局、渡らなければ向こう岸には辿り着けない。日本社会がこれから前進するには、扉の向こうに何があるのかを何十年間も考えるのではなく、まず扉を開けてみるという行動が必要なのだ。オバケがいたら扉を閉めればいい。まさにこの開拓者・挑戦者魂を〝Fail Fast!〟と表現してみたいと思う。

本書は、5章構成になっている。対象とする読者は、これから米国留学を目指す人、米国や日本で起業を考えている人、政策づくりに関わるリーダー、そして現役のビジネスパーソン、経営者だ。もちろんあらゆる分野でこれから道なき道を行くすべての人もだ。

第1章は、**私の考える「アフターコロナで必要となるリーダーシップ」**についてだ。求められるリーダーシップ自体はコロナ前から変わりはないが、危機の時だからこそ、平時よりもより重要になる。

第2章は、私が米国でQEDを創業してからの15年間で実践してきたことを振り返る。

強い生きた組織をつくるためのマネジメント実践編だ。

第3章は、**米国から見た「日本型経営」の課題**について述べた。グローバル競争に勝つために必要な要素について考えた。また、約30年のビジネス経験で、はじめての日本企業の傘下での経験についても触れた。

第4章は、米国籍を取得した私が米国移民日系新一世として、また米国内で「顔の見えるアジア人」として何をしているかを述べた。もはや国境など存在しないとも言えるグローバル社会で、**私の経験を通して世界で貢献できるリーダーの要諦**を伝えたい。

第5章は、コロナ後の未来の「製造業」についてだ。いくらGAFAのようなインフラ企業が台頭してきたところで、製造業＝国力であることに変わりはない。ところが、日米ともに製造業は危機に立たされている。**モノづくりの原点に立ち返り、この逆境をどう乗り越えていくべきか**を述べたい。

なお、私、藤田浩之のことをあまりご存じない読者のために、各章末にコラムとして「ライフヒストリー」を付けたので、こちらもあわせて読んでいただきたい（拙著『道なき道を行け』を読まれた方は内容が重複するので読み飛ばしてもらって構わない）。

最後になるが、約4年間続いた連載では、当時のWedge編集長であった塩川慎也さんには毎月原稿の打ち合わせやチェックで本当にお世話になった。また、書籍化を推薦してくださった編集部長の海野雅彦さんとこのプロジェクトの編集者を務めてくださった友森敏雄さんのおかげで、この本が日の目を見ることとなった。この場をお借りして深く感謝したい。

この本が道なき道を行き、未来を開拓していく読者のみなさんに何かを考えるきっかけを生むことになれば幸いである。

２０２１年７月　米国オハイオ州クリーブランドにて

藤田浩之

Fail Fast! 速い失敗が未来を創る　目次

第2章
強い生きた組織をつくるマネジメント

第３章
グローバル競争に勝つ脱日本型経営

第4章

世界で貢献できるリーダーの真髄

第5章

コロナ後の未来を担うモノづくりの原点

第 1 章

失敗に学び共有するリーダーシップ

Fail Fast!

コロナ後のリーダーは未来を描く中長期的ビジョンを持て

2019年11月1日、キヤノンによるQED（クオリティー・エレクトロダイナミクス）の子会社化が発表され、グループの傘下に入ることになった。その約1カ月後に中国の武漢で新型コロナウイルスが発生。世界のあらゆる分野に支障をきたすことになることを誰が予想しただろうか。

人々の移動や出張がなくなり経済活動が未曾有のレベルで停滞し、世界中の人々の生活や仕事のあり方が大きく変わった。従来の価値観が根本から問い直され、何が必要で、何が不必要なのか、あっていいもの、別にいらないものを社会そして世界全体で問い直す機会になった。

肯定的に言えば、**今まで脇目も振らず急いで直進してきた社会に休止が入り、今までの生き方、社会のあり方を様々な視点から振り返る機会**になっている。例えば、従来、当然のように長時間かけていた通勤が在宅勤務（テレワーク）やワーケーションに移行した。

それを後押しするのはZoomやWebexなどの新しいオンライン会議・コミュニケーション技術だ。これらのテクノロジーはまだまだ黎明期にある。これから様々な機能（例えば同時通訳やリアルタイムでの議事録作成アプリ等）が追加され、コミュニケーションのあり方はいろいろな方向と分野に進化していくだろう。

また、次世代ネットワーク５Ｇの登場で、人工知能（ＡＩ）によって復活させられた過去の偉人とのリアルタイムでの対談、質疑応答も可能になるだろう。例えば、松下幸之助氏のＡＩモデルがバーチャルで取締役会に参加することもできるかもしれない。

さらに、会社に出勤しなくてよいのだから、働く場所はどこであってもいいことになる。地方に移住する人も増えることで、インターネットによるインフラをベースに地方を活性化させるだろう。

こうした既成概念の破壊が様々なビジネスチャンスを生み出していく。要するにこの変化に適応し新しい付加価値を提供できるものだけが生き残っていくのだ。**社会は今、いるもの、いらないものに対してより鋭い感覚を持つようになった**と思う。

そしてコミュニケーションのプラットホームが変えられた。これが次の生活スタイル、ビジネスのあり方を再構築する推進力となる。オンライン会議ビジネスが生み出されたように、やはり起業家、リーダーや経営者は未知なる未来に対して、**「こういう未来が来る。だから、〇〇のような技術革新が必要だ」という中長期のビジョナリー思考を持たなければならない**だろう。

「速く失敗して教訓を共有する」この文化でイノベーションを育め

国によってモノづくりに対するアプローチが違う点は興味深い。私はQEDを創業する前は米国GEメディカルで働いていたし、GE在籍以前のベンチャーにいたときは、ドイツのシーメンス・メディカルや、日本の東芝メディカルシステムズ（2018年1月4日からキヤノンメディカルシステムズ）など、世界有数の企業と開発・製造の仕事に従事していた。

ベンチャー在籍時に驚いたことは、同じ製品をつくって複数の取引先OEM企業に導入しても、1、2年もすると東芝メディカル向けの製品の品質がダントツに良くなったことだ。これには理由があった。東芝メディカルの製造品質担当部門のチームは毎週、前述ベンチャーの品質部門と技術部門に対してどんな小さな問題点でも徹底的に追及し、フォローアップをして両社で改善していったからだ。この積み重ねが2年後には素晴らしいつくり込まれた品質として製品の信頼性を高めることになったのだ。

このような頻度で製品の品質を追求するのは、世界広しといえども日本メーカーだけだ。この**日本人の細部に徹底的にこだわる気質は世界に誇れる**ものだ。

ではドイツや米国のメーカーがより優れているところは何だろうか。それは**プライオリティーを見極め、従来の固定観念に縛られない"Think outside the box."という自由で柔軟な考え方がより根づいている**ことだ。対照的に日本では、何に対しても「何でも縦割り」「決められた路線を踏襲する」「前例がない」などの理由で新しいことに挑戦しないことの弊害が多く見られる。

また、医工連携の面でも欧米に見習う点は多い。日本では偏差値至上主義の教育システムの結果、医者を頂点としたピラミッド社会が形成されており、エンジニアは医者の言うことを聞くものと思われている。これではコラボレーションはできない。対照的に**米国では、医者もエンジニアも対等の立場でそれぞれ自分の専門性を持って連携している。だから医工連携がうまくいきイノベーションが生まれるのだ。**

決断しない（できない）中間管理職もイノベーションの機会を奪っている。もっと意義のあるリスクを取れるような環境をリーダーはつくっていかなければならない。リスクを取って失敗したら、もう昇進できないような空気を企業から取り除かないといけない。

前書きで触れたが、**重要なことは"Fail Fast!"だ。速く失敗して（ダラダラ失敗しないで）、そのことから学び、教訓をみんなと共有することがイノベーションを育む環境をつくっていく。**そのことをリーダーは忘れてはならない。

一般的に日米欧どこでもそうだが、大企業では決断に至るスピードが遅い。これはいくつもの承認プロセスを経たり、稟議を通したりしなければならないし、責任問題になったときに、その責任を誰がとるのか、ということに時間をかけすぎているからだ。

リーダーの重要な役割の一つは、スピード感を持って決断することである。そのためには、やはり高度な技術を理解できる専門知識を持ったリーダーの養成がカギとなってくるだろう。これらがイノベーションを加速する。

異種分野の融合を阻むのは縦割りの壁である

テクノロジー企業の経営トップの資質として、理工学に精通していること、つまり技術がわかることがとても重要だと思う。例えば、ドイツのシーメンスの経営トップや幹部は理工学の博士号や医学博士号をもっている。また文理ダブル学位を持つ人も少なくない。

米国の多くのハイテック企業でもそうだ。**技術に対して時間軸（どれくらいの期間で製品化できるのか？）と空間軸（どのような分野に技術が応用可能なのか？）を持つことができるから、様々な経営判断を自分でできる**のだ。その技術がもたらすインパクトを肌で感じ取ることができるから、事業スピードを自分で調整できる。頭の中に「技術感度センサー」がないと、その技術がもたらすポテンシャルを測り知ることは難しい。

一方、日本ではどうだろうか。コロナ禍の今も、私が渡米した1988年頃も、社会構造としてはほとんど変わっていない。まずは、弊害にしかならず全く意味のない「縦割り」の考え方を社会から取り除くことが必要だ。

例えば、官僚になるには東大法学部に、偏差値がよければ医学部に、などといった短絡的な判断基準が存在する。それが本質ではないとわかっているにもかかわらず直さないことが一番悪い。これには日本の教育システムの抜本的改革が必要だ。自分たちでできないなら「外圧」で壊してもらうことも必要かもしれない。

理系、文系という言葉も日本だけで使われている硬直的な思考を表す言葉だ。米国では大学で専攻を選ぶときも、例えば工学部と医学部も本人の意思次第で同時に選ぶことができる。要は**柔軟な思考を促す環境、理系、文系に関係なく様々な選択肢があるプラットホームが必要**なのだ。

現代社会においてテクノロジーは異種分野の技術や考え方の融合だ。私が日々取り組んでいるＭＲＩ（磁気共鳴画像診断法）もそうだ。医学、物理、数学、化学、バイオロジー、電気工学、機械工学、プログラミング言語、工業デザインなど、本当に様々な分野の知識が融合しないとなしえない。決して一つの縦割りにとらわれた分野からイノベーションは生まれない。だから義務教育期間は基礎学力を養うことが大切だが、大学はいっそのこと画一的な入試なんかなくして、いろいろな分野の学問を自分の意思で選べるようにしたほうがよいだろう。

小学生のときから、放課後に塾通いをし、朝から夜遅くまで大学受験のための同じ科目の詰め込み勉強に時間とエネルギーをかけるのは、どうかと思う（これが社会に出てからの、長時間労働が美徳だというような間違った空気を形成する大きな原因となっているのではないか）。これから長い人生なのに、大学入学時点で燃え尽きているだろう。それよりは**かけがえのない若いときに様々な活動をして、また興味がある分野の勉強をして、自分の視野を広めるほうが、人生にとっては有用**だと思う。

私が、渡米し大学の数学の授業で二重根号を外したときに、教授が「君はどうしてそんなことをしているのか」と言って笑いながら電卓でさっさと数値を出したことを今でも覚えている。受験対策として、そんなことを暗記させられたが、数学の学問上そんなことは本質的なことでもないし、重要なことでもない。そんなことに時間をかけるのなら、先へ先へとどんどん高度な数学に進んで、うんうんと唸りながら自分の領域を拡げていったほうがよい。そのとき、わからなくても先に進むことでわかることがたくさんある。その学習環境を高等教育機関は提供しなければならない。

２０２１年の初春、沖縄科学技術大学院大学（ＯＩＳＴ）の理事に就任した。実は、要請があるまで、私はＯＩＳＴを全く聞いたことがなかった。調べてみると、まだ創立10年にも満たないが、学部はなく５年制博士課程の大学院のみだということだ。また専攻がない。院生は様々な分野の教員と交流しながら自分の専攻を決めていくのだ。これは、私がまさに理想とする若者教育のあり方であり、喜んで就任をお受けした。

世界60カ国から優れた院生（約２２０人：海外から約８割、女性の割合４割）が来ていて、使われている言語は英語だ。現学長はドイツのマックス・プランク学術振興協会の元会長だ。

研究者や理事には複数のノーベル賞受賞者もおり、モデルとしているのは、カリフォルニア工科大学（米国）やワイツマン科学研究所（イスラエル）であり、２０１９年にはまだ10年も立たないうちに総合学術雑誌「ネーチャー」のインパクト・ファクター（引用頻度指標）では世界の大学のトップ９位（東京大学は40位）に入っている。

この指数はいかに質の高い論文の割合が高い研究機関であるかを示す。私は、ＯＩＳＴが日本の高等教育を変えていくポテンシャルを持っていると確信している。

自分の能力は未来形で語れ！ リーダーの言葉が企業の未来を拓く

企業文化を醸成するために、私は常日頃から自らの言葉で社員に根気よく語り続けている。会社の成長には価値観の共有が欠かせないと考えるからだ。

例えば、社長が不在で会議が行われたとしよう。**社長がここにいたら、絶対こういう判断をするだろうと出席者が確信できれば、その会社の文化は組織に根づいていると言えるだろう。**

QEDでは「前向きな態度」「不屈の闘志」「危機感を持つ」「楽観主義」「自分の能力は未来形で語る」「鳥の目を持つ」などがその価値観の根底にある。

だから私は幹部らに、

〝Be very optimistic with a very pessimistic sense of urgency!〟

（非常に悲観的な危機感を持った非常な楽観主義者であれ）

と言っている。**リーダーはどんなことがあってもドッシリ構え、みんなに安心感を与えなければならないが、リーダー自身は常に危機感を持たなくてはならない**からだ。

経営者はそもそも相反する様々な要素が混在する中で優先事項を決断していかなければならない。幹部会議で複数の重要な案件があり、限られたリソースしかない場合（そういう場合がすべてだが）、経営者は「このプロジェクトが最重要だ」とは言うが、10分も経てば、また違う重要案件が出てくる。そして「すぐ取りかかれ」ということになる。

要は、企業、経営は生き物であり、常にダイナミックに変動していく「プライオリティー群」に臨機応変に対応していかなければならない。そして何をするにも、危機感をもっていなければならない。例えば、新しい技術ができそれを製品化しても、次にどんな技術が出てくるのかを考え革新し続ける必要がある。

イノベーションは何もないところから急に生まれるものではない。違う分野の技術を組み合わせ融合させて新たな付加価値を提案することで新しいイノベーションが生み出される。その組み合わせは無限大で、技術革新には終わりがないのだ。今、安泰・順調でも、革新をやめると衰退してしまう。

だから**社会の変化をよく観察して、その変化がどのように社会を変えていくのかということに対し危機感を持て**、ということだ。しかし同時に、そのことで表情や言動がギスギスしパニックを起こしているようなリーダーには、人はついていかない。やはり、リーダーはどんな時でも冷静でドシッと威風堂々として適時に物事を決断し、「この人についていけば何とかなる」という安心感をまわりの人間に与えなければならない。その責任がリーダーにはある。「危機感を持ちながらも楽観主義者のオーラを放っていなければならない」というのが私の持論だ。

また、社員に対しては「ベンチャー精神を忘れるな」と口酸っぱく言っている。ある顧客との商談で、相手方が「こういう技術に取り組んでいますか」と技術担当に尋ねた。担当者は「それには、まだ取り組んでいませんし、時間がかかりそうです」と答えた。私は商談後、「あの回答はリーダーとして未来の自分たちの能力へのコミットメントが欠落している」と言って聞かせた。

「自分たちの能力は未来形で語れ。選択肢なきものは進むしかない。『はい、できます、やらせてください』とまず啖呵をきれ」と。でないと物事は始まらない。「できます」と答えることから、具体的な話が始まり、プロジェクトの詳細や納期が決まれば、それを達成するためにすべての叡智を注ぎ込み、努力し、きちんとやり終えればコミットメントを守ることになる。これがベンチャー精神であり、プロ魂だ。

ベンチャー精神とは、どんな状況でも打開策を見つけるという確固たる意志である。考えてもみてほしい。そもそも起業するときは何もないゼロの状態から始めるのである。QEDの創業時もそうだった。

創業してから1年半の間に新製品を開発し、小さいながらすべての部門に生命を吹き込み、〝全身〟が機能している企業としてQEDを回すしか他に生きる方法がなく、つまりそれをひたすらやるまでであった。

だから問題が起こるたびに、それに直視し対応し前進するしか他に方法がない。逃げてはいけない。新型コロナウイルスを予期していたわけではないが、コロナ蔓延で様々なことが制限を受けるなか、必ず解答や方法を見つけて、前進し、やり抜く根性をリーダーは持たなければならない。それがベンチャー精神の真髄だと思う。

社員やチームを率いるには、リーダーが自らの言葉と行動で、未来の自分たちの獲得していく能力を皆に確信させなければならない。

師走の足音が聞こえてくると、私は1年間を振り返りながら、失敗したこと、学んだことなどをリストアップしていく。創業以来、毎年1月に社員に手紙を送っているが、その構想を練るためだ。私はこの手紙を自ら心を込めて書くことが大切だと思っている。他の人に代弁・代筆させることなどとうていできない。

この手紙を書くのには大変なエネルギーもいるし時間もかかる。自分の精神状態が後ろ向きだと、ろくなものは書けない。リーダーの泣き言など誰も聞きたくないから、たとえしんどい時でもまず自分の精神を整え、上向かせなければならない。

12月中旬に入るとドラフトを書き上げ、まず妻と二人の成人した息子に原稿を読んでもらう。彼らが読んでシックリとこなければ、そんなものは様々なバックグラウンドを持つ社員たちに伝わるわけがない。何度も推敲し、ピッチを上げてラストスパートに入る。

頭の中はきちんと整理しなければならない。選択肢があるのか、ないのか。枝葉末節の細かなことにとらわれ時間と労力をかけ、大きな目標を見失っていないか。つまり、**「木を見て森を見ず」にならないように「鳥の目」で見て俯瞰的に物事をとらえているか**。そんなことを考え、未来の姿を見据えながら、1カ月間かけてメッセージの構想を練っている。

上場することだけが成功ではない 多様性のなかに共通の価値観を持つ集団が大事

「なぜ上場の誘いにのらないのか。成長機会を逸しているのではないか」

私が講演するたびによく聞かれた質問だ。

巷では会社を起こし、上場させることが成功の証しとなっている。ただ、上場企業の株主総会では株主が速やかな配当金支給を経営陣に要求する、といったこともよく耳にする。株価（株主）至上主義に陥っている多くの経営者に逆に聞いてみたい。

「経営目標を実現させるために果たして上場が唯一の解なのだろうか？」と。

私は2006年に米国オハイオ州クリーブランドにQEDを創業した。業績を伸ばし、社員数も増えた。患者に役立つ医療機器をつくり、社員のために永く続く企業の根幹となるQED文化を創造することが私の仕事である。

だが、しっかりした土台づくりには時間と年月がかかる。企業を急速に成長させることが必ずしもよいとは思わない。一歩ずつ、が私の信条だ。

一方、投資家は株価の上昇を絶対的な目的としている。それもできるだけ短い期間で。そうすると株主に対して、株価を上げるのが否応なく経営者の主な目的となってしまう。中長期的な経営ビジョンよりも、短期的に株価を上げ株主にどれだけの配当金を分配するかを意識せざるをえない。私は中長期的ビジョンをもてないような環境に自分を置きたくないし、限られた時間をそんなことに使いたくないので、株式上場は考えていなかった。

マイケル・デルは１９８４年、19歳のときにたった１０００ドル（約11万円）の資金でデル・コンピューターを創業した。１９８８年に会社を上場させたが、２０１３年に友人と共に全株を買い戻した。自分の中長期ビジョンと株主との間で戦略的優先事項が違って経営が行き詰まっていたからだそうだ。自分のビジョン、時間軸で経営することができる。これがプライベートのよさである。

創業時には、「会社は私のもの」と思っていたが、その考えは会社が成長するにつれ変わっていき、今は「会社は社員のものだ」と考えている。一人では結局何もできないからだ。**異なる能力をもつ仲間が力を合わせなければ、何もつくれない。だからチーム**

ワークが一番大切である。

しかしチームワークが大切と言っても、やはり米国は難しい。日本は社会のなかに「平均的な常識観」というものがある。米国では平均をとることの意味がない。それは貧富の差も極端だし、人種・宗教も異なれば考え方もかなり違うからだ。要するに平均像は社会を象徴しないのだ。多様性に富んだ集団のチームワークをつくっていくことはかなり骨が折れる。

けれども、「人として正しいことをしよう」「人の役に立ちたい」という思いは共通である。だから、創業当初から社員とこれらの思いを共通の価値観として会社経営してきた。

彼らは人生のほとんどの時間を会社で過ごし、会社のことをそれぞれの立場で真剣に考えている。この尊い時間を過ごしている会社を彼らが「自分のもの」とプライドをもつことができないなら、それは経営者である私の能力不足である。

企業とは、宗教、人種また学歴にかかわらず志を共有し、それぞれの能力を発揮し、社会に貢献していく社員たちのものである――私はこう考える。

「Big Pictureは何か」リーダーは常に大局観を持て

米国は日本人の想像をはるかに超える格差・差別社会である。それは世界でも稀に見る多人種・多民族国家であることに大きく起因している。2020年に起こった"Black Lives Matter"いわゆるBLM運動に見られるように、黒人差別も（有色人種差別も）本当に根深い。

しかも米国は訴訟社会であるから、「もっている」人々や「人種的な特権階級」である白人層は不満があっても訴訟などのトラブルを避けるために心の中で思っていることを言わず、いわゆる教科書どおりの正論、「ポリティカリー・コレクト（相手が不快に思わないように本音を言わず社会的・政治的・倫理的にみて当たり障りのないことを言うこと）」な内容を公の場で発言する。

振り返って見れば、大方の予想を裏切って2017年のトランプ大統領誕生のきっかけになったのも、米国社会のこの「ポリティカル・コレクトネス」を真っ向から無視し、好き放題言い放つトランプ氏にある意味で新鮮さを感じ支持が集まったことが大きいだろう。だからインテリ層にも「隠れトランプ」支持者が多いのだ。

この人種分断の問題は米国だけの問題ではない。国際化した社会ではおそらく今後人類はますます多民族国家の方向に進んでいくだろう。そして今、米国で起きていることは世界中で必ず起こっていくだろう。だからこそ、人権・人種問題の解決のために米国が人類の普遍的な価値観構築のために失敗することは許されないのだ。

前代未聞の大統領選に勝利したバイデン氏は、「分断より融和」という価値観を前面に押し出し様々な政策を進めている。労働者の保護、製造業国内回帰、米国製品購入など、保護主義的な政策もとるだろう。

しかし、一方で国際協調主義に基づき多国間主義も復活してくるであろう。世界保健機関（WHO）やTPPなど、トランプ政権が撤退した国際機関や国際間の取り決め、例えばパリ協定に復帰し、地球的気候温暖化問題にも取り組んでいくだろう。さらに巨大化しすぎて様々な影響力を持つに至ったGAFAに良識ある規制をかけていくことも議論されるだろう。

しかし、何をするにせよまず大統領に一番要求されるのは正義感と品位があることだ。

2018年9月、オバマ前大統領とお話をさせていただく機会があった。クリーブランドで開催された民主党のオハイオ州知事候補の集会に駆けつけ応援演説をする前の控室でのことだ。オバマ政権で商務省長官顧問として製造業政策に関する提言を目的とした評議会に関わっていた私には、懐かしくもあると同時に、「多民族国家である超大国米国を背負うリーダーとはどうあるべきか」というテーマを深く再考させられた夕べであった。

オバマ氏はトランプ政権の現状にただ不平不満を述べるだけではなく、民主主義国家である米国では、一人ひとりに与えられた「投票する権利」をしっかりと行使することで、「自分たちに国を変えられる力があることを決して忘れないように」と何度も繰り返していた。

リーダーには正義感と品位、そして大局的な視野が欠かせない。トランプ政権は保護主義、米国第一主義を一方的に世界スケールで推し進め、エスカレートさせた。その結果、数々の国家間の衝突を起こしたが、その最たる例がファーウェイの市場からの閉め出しも含む国防を前面に出した米中の貿易戦争だ。そのとばっちりを被ったのは米国で製造している「本来なら守られるべき」米国の企業だったことは、皮肉なことだ。

当社でも米国で医療機器を製造しているが、かなりの部品を中国から輸入している。その一部には貿易戦争で25%の追加関税がかけられたため、結局製造コストが上昇し、そのさらなる負担を誰が持つのかということで、世界中の顧客やＯＥＭ納入先と交渉をせざるを得なくなった。

トランプ大統領からバイデン大統領に移行し、日本政府は方針・政策の変化を理解し素早く対応していかなければならない。例えば驚くことに、未だに私の米国人の友人（それも指導的な立場にある有力者）たちの中にも、日本は米国の自動車産業に日本市場を開放していないと主張する人がたくさんいるが、はたしてそうだろうか。

日本市場では米国車をはじめ輸入車に対する関税はゼロだ。日本市場でも例えばドイツ車の業績は順調なようである。要は日本人の嗜好に合う自動車をドイツメーカーはつくっているということだ。

一方、日本メーカーは米国で地元の人材を雇用し現地生産をし、米国市場に合うような製品をつくり出してきた。そのことを日本政府もはっきりと様々な事務レベルで米国政府と話し合うことが大事だ。また地元に進出している日本企業は地域での活動を通して地道に地元政府、州政府にロビー活動等で貢献度を認知してもらうよう努力することが必要だ。

オハイオ州では、例えばホンダはたくさんの現地人を雇用しており、外国メーカーとしては最大の雇用主だ。こういうことをしっかり地元地域社会に発信して認知してもらわなければならない。

私は、**経営上何かを判断するときに、「Big Picture は何か」と常に問うようにしている。**なぜなら優先順位の低い枝葉末節にとらわれ、大きな全体像を見失うことによって企業は進むべき方向を見誤るからだ。

グローバリゼーションは止められない。インターネットやSNSの進化速度を見てもわかるが、今や世界中で起きていることが瞬時に誰にでも届く。人の交流もそうだ。

私は、米国でこんな保護主義の傾向があるときこそ、**世界的な視野に立ち、リスクを分散させる、つまり「チャンスを最大化」させる必要がある**と思っている。サプライチェーンや製造拠点にしても「適材適所」の観点から世界の「地域」に進出し、現地のパートナー企業と最適化する戦略を練っている。

強い気力は健全な肉体に宿る エグゼクティブに共通する成功習慣

２０１８年、イタリアの地中海に面した風光明媚な港町ポートフィーノで、夏の休暇を家族と山登りや海水浴をして楽しんだ。精神と体をリフレッシュするための休暇はとても大切だ。

デスクワークや会議が多い現代のビジネス社会では体をアクティブに動かす時間が大変短い。仕事上、接待や会食の機会が多く、まとまった自由な時間が取れない経営者にとって健康管理はとても切実な問題だ。

気力、体力が充実していないと、経営していくなかで起きる様々な問題に太刀打ちできない。「強い気力は健全な肉体に宿る」ということで、私も体力づくりには日々意識的に取り組んでいる。米国では平日週４日くらい早朝にジムに通って体を動かしているし、週末のゴルフのときもできるかぎりカートを使わずに18ホールを歩く。

また、日本出張時には宿泊先のホテルのジムで毎朝5時から1時間、約5キロのジョギングと筋力アップのトレーニングを欠かさず行う。汗びっしょりになり、終わった後はとても爽快だ。全然やりたくない日だってあるが、そういうときは「これくらいの単純なことができないで、何が経営だ」と自分を奮い立たせている。要は、決めたことをきちんとできるか、「不屈の精神度」を自分でチェックしているのだ。

ずっと日課にしていたジョギングだが、2020年はコロナ蔓延でジムが閉められてしまった。そのかわりにアップダウンの激しいアスファルトのストリートを毎日走っていたが、ある日、右膝に痛みと違和感を覚えた。いや、これくらいの痛みで怯んでいてどうする、根性で乗り切ろうと続けていたところ、未体験ゾーンの激痛が走り歩くことすらできなくなった。疲労骨折寸前のひどい炎症を起こしていたのだ。

数カ月という治療とリハビリに取り組んだ。せっかく体調を整えていたのに、無理をしたせいで何も運動ができなくなるとは、情けない話だ。やはり物事は何事もほどほどにということか。そこでジョギングができなくなったので、かわりになるものを探すことにした。

私は有酸素運動が好きなので、クリーブランド・クリニックのトレーナーにコーチをしてもらいながらいろいろ試したところ、結局、自転車に落ち着いた。効果的な有酸素運動というのは、220から年齢を引いた数値を最大心拍数とし、その数値を目標にしてペダルを漕ぎ続ければ効果があるとトレーナーから教わった。実際、そのように設定して30分も続けるとビショビショの汗だくになり、私にはとても合っているエクササイズだと思っている。

ところで日本出張で面白いのは、早朝にジムに行くと、ほとんどいるのは米国人だということだ。これは時差ボケで早く目覚めるせいかもしれないが、**米国のビジネス・エグゼクティブはジム等で健康管理している人が本当に多い**。パブリック・スピーチなどの機会が多い米国社会では、正否にかかわらず一般論としてリーダーにとって見た目の印象は、体型や歯並びも含めて大変重要な意味をもつ。

例えば、世界的なファッションブランドであるポロなどを率いるデザイナーのラルフ・ローレン氏は、毎朝ジムでトレーニングしブランドイメージの向上に努めているそうだ。健康促進のための医療機器をビジネスとしている会社の社長が、お腹が出ていて肥満体型であったら話をしたとき説得力があるだろうか。要はリーダー自身が発するイメージ、雰囲気もマーケティングになっているのだ。私も人からの勧めもあり、大変不便な思いをしたが、30代半ばになってから約3年間かけて歯の矯正を行った。

さらに、毎年クリーブランド・クリニックのエグゼクティブ・ヘルス・プログラムに通っているが、このプログラム（1回につき約30万円）では朝7時にチェックインしてから各専門医による様々な検査を受け、その日のうちにすべての結果がわかるようになっている。最後に主治医から結果の報告を受ける。専門医の中には栄養学、フィットネス担当のエキスパートも含まれており、血液検査や画像診断の結果等を踏まえながら、食事メニューのチェック、改善すべき点などの細かい指導を受ける。

また、フィットネス・トレーナーからは、有酸素運動のかわりにさらに効率良く脂肪を燃焼させるための筋力トレーニングを増やすなどの具体的なワークアウト・メニューのアドバイスを受ける。このプログラムはプリベンティブ・メディスン（予防医学）の発想に基づいている。すなわち「病気になってから処置する」のではなく「病気にならないためには何をすべきか」という視点で様々な観点から顧客に合わせたテイラーメイドの医療を行う。

今後様々な医療機関が予防医療のプログラムを導入していくだろう。忙しいエグゼクティブは、これらを賢く積極的に利用し健康管理に気を付けることも大事だ。

ライフヒストリー①

外交官を目指し米国留学へ

アップル創業者スティーブ・ジョブズが2005年、スタンフォード大学の卒業式で学生に贈った言葉〝Connecting the Dots〟は伝説に残る名言だ。

「未来を見て、点と点を結ぶことはできない。過去を振り返って見て初めて点と点を結ぶことができる。だから、未来のいつかどこかで点と点は結ばれると信じて進んで行くしかない」

私は章末コラムの中で、自分が歩んできた道を振り返って、どのように点と点がつながってきたのか、そして何が自分を動かしてきたのかを語りたい。

私は奈良県宇陀郡大宇陀町春日（現・宇陀市大宇陀春日）で生まれ育った。中学でも高校でも数学が得意だったが、進路に関しては漠然と外交官になりたいと思っていた。そしてそれはいわゆる文系の延長線上にある志望進路ではあったが、数学が得意だった私は日本の最高学府と言われる東大の理一に進学したいと当時は思っていた。

外交官になりたかった理由は、父方の祖父と叔父が外務省に勤めており、外交に興味をもっていたからだ。しかし、外務公務員採用I種試験を受けて外務省に入るには、まず東大文一（法学部）に入ることが通常のルートと聞いていた。

私はなぜ理系から道が開かれていないのか納得がいかなかった。外交には科学や様々な技術に精通する人材も必要であろう。祖父や叔父に聞いてみると、それが通例だ、との答えだった。そういう状況で、文系でも理系でもなくどっちつかずにやっている間に、東大受験に失敗してしまった。

浪人時代に通った予備校では、坂間勇先生（故人）のおかげで苦手だった物理が好きになった。その後の人生を大きく変えたきっかけと言えるだろう。しかし結局2浪後、東大には入れず早稲田大学理工学部に進学することとなった。第一志望に入れなかった私は、ここでまず挫折感を味わった。

早大1年の夏、父の勧めもありカリフォルニア大学サンディエゴ校（UCSD）に語学留学の機会を得た。初めて降り立つ米国の大地、青い空、ラホヤの美しい海、そして学生が自由にのびのびと過ごしている壮大な緑の芝生のキャンパス。すべてが眩しく目に映った。

学生生活では、教授と生徒の間に対等な関係があるばかりか、自分の意思で例えば専攻を複数もつことも可能だし、マイナー（副専攻）もとることができるということにびっくりした。日本では考えられないことだ。

ＵＣＳＤで「何事も自分の責任で自分次第」という考え方に出合ったことで、自分の性格には米国が合う、渡米しようと決心した。１９８７年のことだった。

両親にも自分の気持ちを打ち明けた。卒業後に米国留学すればよいではないか、という話もあったが、言い出したら聞かない私の性格を知っている両親は、最後には承諾し応援してくれた。

父の知り合いに相談したところ、英語にクセのない中西部の小さな全寮制の大学がいいと勧めてくれた。英語もできず米国の文化も知らずに有名校に入ると取り残されるだけだから、とアドバイスしてくれた。「本当に米国で成功しようと思うなら、ゼロから積み上げて行きなさい。米国人を知ること、文化を学んで土台づくりをしなさい」と。

そして、イリノイ州にある生徒数１４００人くらいのリベラルアーツ全寮制モンマス・カレッジへ留学した。１９８８年のことだ。そこで将来、妻となる女性にも出会った。

私は得意科目であった数学と物理の二重専攻にした。英語はまだまだ話せなかったが、その点、理系の科目は助かる。紙に数式を書いて問題を解けばよいのだから。

毎日授業後、物理学科のチャールズ・スコブ教授と数学科のリチャード・コグスエル教授のオフィスに質問に行き、いろいろな話を聞かせていただいた。そして米国の文化にどっぷり浸かり、英語を徹底的に勉強し、この国で生きていくための土台づくりに励んだ。

第 2 章

強い生きた組織をつくるマネジメント

Fail Fast!

勝利体験を共有できるチームが不確実な未来で結果を出しやすい

２０１８年1月に前年を振り返るマネジメント会議を行ったときのことだ。戦略担当の幹部が、「前年の目標を達成しました」と淡々と報告したため、「このことの本当の意義がわかっていない」と早速苦言を呈した。

1年前に経営目標会議を行ったとき、私は医療業界動向等を踏まえ主要製品の販売価格30％ダウンを目標に掲げ、かつ利益率を上げながら売上高の更新を要求した。大半の幹部がその目標値は到底達成できないという反応だった。

そのとき私は、「自由落下するな。知恵を絞って、汗をかき、重力に逆らって無理と思われる目標を乗り越えろ」と叱咤激励した。「もし既存の仕事だけをこれまでどおり行うのなら目標には達しないが、新規プロジェクトを開拓し、事業化できれば目標値は超えられるだろう。受け身の姿勢で与えられたことをこなすだけでは、業績など伸びるはずもない」と。

その成果の一つが２０１７年11月にシカゴで開催された画像診断業界最大規模のＲＳＮＡ（北米放射線学会）で発表された独シーメンス社向けの新型ＭＲＩコイルだった。製品化決定をしたのが5月。それから6カ月間、展示会に間に合うように日夜を問わず技術改良を重ねてきたのだ。

しかもＦＤＡ（米国食品医薬品局）の審査もたった11日間という驚くべき速さでパスさせての新製品発表となった（このことで２０１８年の初夏にシーメンスからグローバル・サプライヤー最優秀賞を受賞した）。その大変な努力と苦労の賜物として勝ち取った結果を、ただ単に「目標を達成しました」ではないだろうと、苦言を呈したのだ。この結果は、「こうありたい」という強い思いでなし得たもので、たまたま偶然に結果が出た（すなわち自由落下）ということではないのだ。

もっとも目標値に10円でも届かなければ、やはり自分たちに課した勝負には負けたことになる。わずかでも目標値を超えたことはとても大切だ。しかし、**結果よりも目標を達成したプロセスから学ぶことは、もっと重要だ。**これは偶然なし得たことではなく、一人ひとりが明確な意図を持って考え、行動した結果であり、この勝利体験こそが企業の成長に重要なのだ。

まず、会社経営において最も大事なことは何か。それは「より良い製品とサービス(Better Products and Better Services)」を常に顧客のために生み出すことである。このことをすべての社員がそれぞれの役職・立場で強い思いとして共有しなければならない。

業績を上げることが目標ではない。より優れた製品をつくり、より顧客がありがたいと思うサービスを提供することの結果として業績が上がるのだ。だから経営者は「業績を上げろ」ではなく、「より良いもの」をつくり提供し続けるには職場環境をどのように改善し、人材の適材適所をどのように整えるのかを考えなければならない。そして社員はそれぞれの立場で何をどのように改善・改良すればより優れた製品とサービスが生み出せるのかを考え続けなければならない。これが自主的に達成されるとき、目標を達成することができる。

ＱＥＤを創業したときは、事業らしいものはまだ何一つなかった。そこからわずか数人で会社を立ち上げていった。創業時からの仲間たちは、苦難の道を切り抜けるたびに勝利体験を積んできたため、とんでもないトラブルや課題に見舞われても少々のことではへこたれない。しかしほとんどの社員は会社が軌道に乗ってから入社しているため、大きな困難にぶつかったときに、意志を持って乗り越えようとする「気概」と、必ず乗り越えられるという「自信」が非常に乏しい。

そこで、**勝利体験をチームで共有することが自信につながり、どんな困難にも負けないという根性が培われていく**のだ。企業文化には、この不屈の闘志が必要だ。

将来何が起こるかはわかるわけがない。未来は不確実性に満ち溢れている。しかし、生き残る企業というのは、その不確実性の中で、きちっとした結果を出していく。

たとえどんな困難が前途に待っていようとも、みんなで知恵を絞り、汗をかいて、乗り越えていこうというスピリット、すなわち闘魂が企業の未来を切り拓いていくのに一番大切だ。

リーダーの仕事は高い目標を掲げ、自らも動き、一人ひとりにも知恵を出させ、そして結果を残し、それを皆で共有し、自信に変えていく。この一連のサイクルを繰り返すことで、組織は強くなり、予期せぬ試練にも怯むことなく挑めるのだと考える。

「任せて任さず」のバランスこそ次世代リーダーを生む早道

後継者を育てることは、私の重要な使命の一つである。1年のうち約4割も出張に出るため、私はクリーブランドのオフィスを空けることが多い。幹部やミドル（中間管理職）に自らの判断で物事を前に進めてもらわないと、会社は停滞して機能しない。

幹部やミドルの育成で大切にしているのは、「任せて任さず」という方針だ。幹部会議や様々なミーティングでは、当社が大事にしている企業文化や価値観、また目標や私の考え方などを何度も繰り返し述べながら、目指すべき方向性の共有に努めている。

「任さず」というのは、まさに私の意思決定のプロセスや方向性を常日頃から社内、とくにミドルも含めたマネジメントチームで共有しておくことで、部下の誤った判断を未然に防ぐという意味である。そのうえで進むべき領域の範囲で個別の判断を「任せる」ことで、みんなの自主性を重んじている。

その過程で「自分で何が正しいのかよく考えて、勝手に判断してくれ」というのが私の口癖だ。私の意向を誤って「忖度」するのではなく、目指すべき方向性をきちんと理解し、良識と常識に基づいて真剣に知恵を絞れ、ということだ。

また、将来の経営陣や幹部候補の養成や意識付けも大切にしている。例えば、幹部候補の中の二人には、外部のエグゼクティブコーチもつけている。長所は素晴らしいものがあるのだが、他人の目からは明らかに不足しているリーダーとしての資質を認識してもらい、成長してもらいたいという思いからだ。**とくに人の言うことを静かに聞くことのできる能力はリーダーにとって大変重要である。**その点に注意してコーチングを依頼している。

私は立場上、顧客とのトップセールスに限らず、外交的な仕事でもスピーチ等をする機会が多い。そういうときにはできるだけ、幹部やミドルを同行させて、新興企業にありがちなワンマン経営に陥らないようにしている。私が対外的に何をどのように話すのかを知ってもらい、それを踏まえて幹部やミドルが会社の代表として自らの言葉で自社のことを語り、また自ら人脈をつくり、そして様々な学びを得てもらいたいと考えているのだ。

結局、どんな事業でもビジネスは「人対人」である。トップや幹部、ミドルはもちろん、社員が取引先や外部といかに個人的な信頼のネットワークを広げられるかが、企業の成長に大きく関わってくる。信用において「あの人が言っているから絶対大丈夫だ」ということほど強いものはない。この信頼関係を築くには常日頃の積み重ねが大事で時間を要するが、決して労力を惜しんではいけない。

幹部養成で気を付けていることは、特定の幹部やミドルだけに機会を与えるのではなく、適材適所でそうした経験を複数の人材に幅広く積んでもらうことだ。幹部養成が出来レースになってしまっては、組織に健全な競争がなくなる。やはり**前向きで健全な野心を持って研鑽してもらうことは、次のリーダーになるための必要条件だ**。

さらに、**幹部に勝利体験をさせることもとても大切だ**。先日、輸出の業績で米国大統領賞を受賞したときも、表彰式に幹部も一緒に登壇させた。そうすることで、本人やその家族に喜びを分かち合ってもらい、さらに発奮してもらおうと考えているからだ。

事業継承をきちんとすることは企業の成長、存続のために欠かせない。米国の上場企業や大企業、有力大学や病院ではガバナンスの観点から必ず〝Succession Plan〟すなわち事業継承の項目があり、社長やキーとなる役職に対しては万が一に備えてパイプラインを準備しておく。これは理事会や取締役会で必ず取り上げられる事案の一つだ。

しかしながらスタートアップや新興のオーナー企業、個人経営の中小企業では人材不足に直面したり、創業者のカリスマ性があまりにも強烈で事業継承計画をまとめたりするのが難しい。それは創業者個人に頼りすぎていて企業組織として機能していない、つまり創業者自身が事業かつ企業価値そのものであることが多いからだ。

同族企業でも同じで、能力の如何に関わらず次世代に事業を継承させることで会社が衰退していく例もたくさんある。私自身も振り返ってみて、2019年にキヤノンの傘下に加わる決意をしたが、考慮したことの一つに将来の事業継承があったことは事実だ。QEDが着実に次の段階に進むには、やはり豊富で異能な人材が必要だ。

そして**企業のDNAをきちんと伝承するために時間をかけて育成していかなければならない**。そこで、私は今、QEDの米国の人材とキヤノンの日本本社の人材の融合の架け橋という役割も果たしている。

日本の優秀な人材をグローバルな英語圏で通用させ活躍できるように、また米国の人材を「外様」ではなく本当の意味において日本市場で有用な人材になってもらうために、キーとなる人材には助言を与え、コーチングを行っている。

「ハマちゃん」が活躍できるか？旧弊を打破するカルチャーをつくれ

毎年3月に、海外研修でシカゴにやって来る立命館守山高校（滋賀県）の生徒たちに講演をする機会がある。生徒たちにいつも伝えていることは、「人の数だけ違った生き方（進路）がある。自分の進む道は社会の既存システムや常識にとらわれず、自分で積極的に考えて切り拓け」ということだ。

米国で約30年暮らしていて痛感するのは、**米国の真の強さは多種多様な価値観が混在するなかで、それらを決して否定しないことだ。**画一化するような枠組みはつくらず、違いを活かすような教育が幼稚園から行われる。**自由で柔軟な思考ができる人材を育成することが、米国社会を前進させる原動力**となっている。

このことは米国留学の経験がある日本のリーダーなら知っているだろう。問題は、知ってはいるけれども、日本には長年「常識」となってきた既成概念があり、それをいろいろな理由を持ち出して壊せないでいることだ。

旧弊を打破できないカルチャーでは、多人種異文化の世界で勝負しようとすると行き詰まる。めまぐるしいスピードで進む技術革新と発想転換によって全く新しいものが創造されていく。

そうなると**従来のやり方では限界があり、新しいことに挑戦しないことが最大のリスク**となる。私は幹部たちに「石橋を叩かず渡れ」とよく言う。その心は、心構えで大事なことは、ゴタゴタ言わずに「まず、やってみる」ということ。そしてチャレンジ精神を支援し、ユニークな個性を伸ばす環境を学校や企業で整えていくことだ。

企業経営ではいろいろな角度から物事を見ないと間違った経営判断を下す恐れがある。だから理念や目標は共有しなければならないが、一方でみんなが均一的・画一的な思考に陥らないよう気を付けている。自由闊達に議論を行い、ステータス・クゥオ（現状維持）を受け入れず、多様性をもつ企業文化にすることは成長に欠かせない。

私は、海外出張中に機内で見る『釣りバカ日誌』（作・やまさき十三、画・北見けんいち、小学館）が大好きだ。鈴木建設で働く「ハマちゃん」こと浜崎伝助を演じる西田敏行さんがはちゃめちゃな万年ヒラ社員を演じているのだが、あの映画を見るたびにこういう規格にはまらない社員がいる会社は強いと心底思う。

わが社にもそういう型破りな社員が何人かいる。ギリシャ出身で誰よりも声が大きくエネルギーの塊のような物理学者、いつでもどこでもMRIの画質を決定する信号比のことばかり考えている超楽観的な中国出身のエンジニア、無口で何が起こっても表情を変えずMRIシステムの電気回路不具合などがあると誰よりも速く解決する中国人電気技師、誰にでも幼稚園児を相手にするようにバカ丁寧に説明するスイス出身の心配性な技術者など、私にとってはみんな心強い大切な仲間だ。

ただし、単に多様な人材がいればそれでよいということではない。**一人ひとりに自分の意思をもってよく考えさせ、オーナーシップ（当事者意識）を持たせることが大切だ。**私は常々部下に「私のオフィスに来て、爆弾を机の上に置いて勝手に去るな」と言っている。問題は他人任せにせず、とことん自分で考えて、解決策を提示しろということだ。

それぞれに責任とオーナーシップを持たせ、リーダーは提示された解決策に自分の経験に基づき助言をするような環境をつくっていくことで、社員が積極的に行動を起こす企業になっていく。

結局、何事も物事にあたる態度次第だ。嫌々やれば、どんなことをしても絶対成功しない。リーダーはこのことを常に仲間に伝えなければならない。

オーナーシップを持ってもらうことはとても大切だ。要は自分も会社のエコシステムの一部、同じ船に乗っていると思ってもらえることが大事だ。

従業員はそれぞれ役割が違うだけで一蓮托生だ。会社の成功は自分の成功、失敗は自分の失敗と認識できる環境を整えることが大切だ。権限を与えるかわりに、完全な責任を持たせるということだ。

そして結果を出したときには、会社は利潤追求も目的としているのだから、目標達成に見合うボーナスなどの報酬やリコグニション（社員の前での業績認知）を与えることが不可欠だ。

リーダーは客観的に物事を捉え誠実に対応することが大事

社会的に立場の強い人から弱い人へのいじめや暴言などのパワハラが深刻な社会問題となっている。日本企業も2020年6月からパワハラへの対応が義務づけられた。GEに勤務していたとき、会議中に上司からマグカップを投げつけられ、私の胸に直撃したことがあった。私は〝Never do it again!〟と怒鳴りつけた。私を見せしめにしてプロジェクトチームに活を入れたかったのだろう。

私ならこれくらい許すだろうとの確信や信頼感が上司にはあったのだろうが、このような常軌を逸脱したパワハラは論外だ。私がもし人事部に報告していたら、彼は即刻その場で解雇されていただろう。

一方、業務指示と連動して生じうるパワハラに関しては線引きをするのがとても難しい。上に立つ者は、いつの時代も、どこに行っても人道・倫理的に間違っていることはやらない、と自らに念押しすべきだ。**大事なことは、どんな相手にも敬意を払い、良識をもって人間として正しく対応する、そして信頼関係を構築するよう努める**ことだ。

日本は何年か遅れて米国で起こっていること（企業ガバナンス、ビジネスモデル等）を導入する国だ。そういう意味で日本もいずれ訴訟社会になっていくと思う。

米国は日本人が想像する以上に訴訟社会だ。「石を投げると弁護士に当たる」というジョークがあるくらい弁護士が溢れている。理由が何であれ、相手を容易に訴えることができる米国では、社会的に強い立場にある人は、言動に人一倍注意する必要がある。**経営者はできるだけ客観的に物事を捉え、誠実に対応することが何より大切**であり、これは米国社会で生きていくための常識だ。一方で経営者やリーダーは、訴訟から身を守るために何とでも解釈されうるような文書を残したがらない。メール等でのコミュニケーションを極力避け、電話や直接会って意思の疎通を図ることが一般的だ。

また、私はドアを閉めた執務室で女性の社員や訪問者と一対一になることは絶対しない。万が一「社長にセクハラ（パワハラ、人種差別）された」と言われた場合に、否定するのに大変な労力と時間を割くことになるからだ。

さらに解雇や降格案件では、人種や性差別などを理由にした不条理な訴訟に備えて、客観的で事実に基づいた正確な文書化が日頃から極めて重要になる。

"Hiring is easy, but firing is extremely difficult."

と言われる所以だ。

特に人種差別で解雇されたと訴訟を起こされたら非常に厄介だ。その裁判が自分で選べない様々な人種の陪審員たちに裁かれる場合、人種差別や貧困問題が複雑に絡み合って必ずしも公平な結果にはならない。

そこで裁判の前に示談に持ち込み、企業や経営者に非がなくても示談金を払うのが一般的だ。訴えるほうもそれをわかっている。私はここに米国社会の限界を感じる。

第1章でも触れたが、建前ばかり述べて本質を議論しないと社会全体がポリティカリー・コレクトになり、何も解決できない。米国が今抱えている深刻な問題は、信頼関係が欠如していて本音を公に話せない環境になっていることだ。

その不満やストレスの裏返しが、歯に衣着せぬ物言いをするトランプ大統領（当時）の登場につながったわけだ。結局、何事もバランスが必要だ。そしてそのバランスを担保するものが信頼関係と良識・倫理観ではないだろうか。

再考したい「飲みニケーション」食を共にすることで信頼感が高まる

東京で定宿にしている帝国ホテルに戻ったときのことだ。部屋のドアを開けたとたんに香ばしい鰻の蒲焼の匂いが漂ってきた。テーブルの上には私の大好物な鰻重が置いてあり、取引先の社長さんからの手紙が添えられていた。

私がホテルに戻る頃合いを見計らって、老舗の逸品を差し入れてくれたのだった。本当に気持ちがこもっていて、こういう人と仕事を一緒にできることは幸せだ。美味しいものは人を幸せにし、気持ちをポジティブにしてくれる。

私はビジネスにおいて、仲間や顧客、ビジネスパートナーと飲食をともにすることは大変重要だと思っている。飲み食いすることは人間の根源的な欲求であり、その大切なひと時を共有することで相手のいろいろなことがわかる。また職場と違う環境で、相手の本音をストレートに引き出したり、フィードバックしたりすることもできる。

私は週に2、3回の割合で、仕事の後に幹部や同僚を飲み会や食事会に誘う。時には彼ら彼女らの妻や夫を含めて誘うこともある。我々の事業を家族にも深く理解してもらい、会社を盛り立ててもらうためだ。出張が多くオフィスをよく空ける私にとって、貴重なコミュニケーションをとる機会でもある。

また新しいアイデアをぶつけ合う創造の場でもある。当社が開発した業界初となる超軽量毛布型MRIコイルは同僚とのバーでの一杯から生まれた。ギムレットを飲みながら、ナプキンに電気回路をスケッチしながら、みんなでスペックを書き出して練った案が製品化の第一歩だった（章末に掲載の雑誌記事参照）。また社内での組織変更すべき点や、品質問題、製品のロードマップなどもバーやレストランで話すこともある。

私が自分から誘う食事会にはいくつかのルールがある。まず静かな環境であること。BGMがうるさすぎて叫ばないと会話が成り立たないような場所はよくない。次に料亭や一流レストランである必要はないが、みんなが幸せを感じられるような美味しいものを出してくれる店を選ぶこと。そして人数は最大で6人くらいにとどめること。それ以上になると、遠くて話ができない相手が出てくるからだ。

みんなに自分の考え方を知ってもらうことを食事会の目的の一つとしているため、これらのルールを大切にしている。

一方で私が招待を受ける場合は、よっぽど親しい相手でないかぎり先方にお任せする。選択する場所や料理によって相手の人となりや考え方、好みがわかるからだ。例えば、主催者の出身地の郷土料理でもてなされると、相手の生い立ちからわかるし、距離も縮まりやすい。

いつも言っているが、結局は何をやっても最後は当人同士の信頼関係と人間関係が土台となる。その土台を築くために、一緒に飲んだり食べたりすることは本当に重要だ。

近年、日本でも米国でも若い世代が仕事の終わりに職場の上司や同僚との飲み会や食事会に加わるスタイルを望まなくなってきた、と聞く。こうした世の中の流れの中で、アイデア創出の時間や職場の人間関係を密にする時間をどう取り戻せばよいか。これが企業にとって大きな課題の一つではないだろうか。

社員一人ひとりにビジネス上の家族と思ってもらえるような企業文化を醸成することが経営者には求められている。そのうえで「飲みニケーション」の意義を改めて考えてみてほしい。

私は信頼を深める親睦会は他の手段ではなかなか成し得ないと思う。だから私は、キーとなる社員とは就業後、飲みに行ったり、夕食を共にしたりして意思の疎通を図るようにしている（コロナ禍では様々な制限を受け、繰り出す回数は減ってしまったが）。もともと私は「ワーク・ライフ・バランス」という言葉が好きではない。そもそも、そんな風に器用にバランスなどとれない。仕事も趣味も生活も全部ひっくるめてその人なのだから、結局それぞれの時点で何を選択するかというだけの話だ。QEDに限って言えば、私が誘って断る社員はまずいない。逆にみんな楽しみにしているようだ。

２０２０年の10月にもカントリークラブの庭で、焚き火をしながら幹部や技術者とともに、一頭のブタをシェフにローストピッグにしてもらった。このときもグラスを片手に美味しいローストピッグを食べながら、みんなとのコミュニケーションに努めた。技術者からはこんな新製品はどうだろうか、という話もあった。人は決して孤独では生きていけない。やはり人とつながっているという連帯感が必要だ。

だから**経営者やリーダーはその連帯感が生まれるように職場環境を整え、親睦を深める努力をしていかなければならない**。普段、物事がうまくいっているときには、あまり問題はないかもしれないが、緊急事態のときにこそ社員がいかに強い絆で結ばれているかが露呈される。

危機では正確な情報を迅速に伝え企業ブランドの失墜を防げ

新型コロナウイルスの流行に限らず、世の中では様々な「危機」が起こり、当事者は常にその対応能力を問われる。経営陣の危機管理意識の欠如により対処の仕方を誤ることで、存続自体が危うくなることもめずらしくない。信用を築くためには長い年月がかかるが、それを失うのは一瞬だ。

私はよく社員に「時限爆弾がそこにあるとわかっているなら、爆発する前になんとかしろ」と言っている。そのまま放置していたら確実に一大事になることがわかっていながら、爆発した後に「大変なことになりました」と言ったところで、後の祭りだ。

危機対応のカギは何事もできるだけ速く先手を打つことだ。たとえ、誰にもまだ指摘されていない問題を自ら明るみに出すことで、自分の非を認めることになったとしてもだ。隠蔽すれば誰もわからないからいいだろう、という考え方は間違っている。問題が小さい場合はまだ対処の余地があるかもしれないが、大きくなったときには、遅きに失することが多い。

そして外部にどのように報告・公表するかは、論理的に十分に練らなければならない。**コミュニケーションはできるかぎり細部まで事実に基づき透明性・客観性を確保しながらも、結果を重力（すなわち世論）にまかせ「自由落下」させてはならない。**

自分たちが事実に基づいて伝えたい結果を確固たる意図をもってマネージ・コントロールする必要がある。臆測が臆測を呼ぶことで風評被害を受け、その火消しに振り回され、ブランドを傷つけることのないようにするためにも、厳格なコントロールが必要である。

このようなことは、当社でも不本意ながら起こり得る。例えば品質問題だ。

ＱＥＤの製品であるラジオ周波数コイル（アンテナ）は、磁場の均一性が厳格にコントロールされているＭＲＩスキャナーに内蔵・搭載されるので、画質問題の原因となる磁性体を使用することは禁物だ。コイルに使われるすべての部品は非磁性体でなければならない。

しかし、ときにサプライヤーから入荷する部品に磁性体が混じっていることがある。

何万個の部品の中にいくつか磁性体が混ざっていて、それが見逃されて製品に使用されたとしよう。あとで発覚した場合、リコールも考えられる。回収にはコストもかかるし、信用失墜にもなる。しかし、公表を恐れてはならない。

なぜならそれはリスクの本質ではないからだ。真のリスクは画質問題が医師の誤診につながる恐れがあることにある。だから当社では、そのロットの割り出し等、問題を絞り込んでいき、対応策も迅速に準備し、顧客にできるかぎり速く通知する。必要に応じてFDA等の監督機関にも速やかに報告する。

病院で患者撮像の際、MRI画質問題等のトラブルが発覚してから、それがMRIメーカー（OEM）に苦情として報告され、彼らから当社にどうなっているのか、と問い合わせが来るようなら、我々経営陣の危機管理意識としては全く失格である。要するに病院や顧客は正確な情報がなければ診断の妥当性や製品の安全性を判断できないのだ。

大切な取引先を不必要に心配させ、時間、労力、リソースを費やさなければならない状況に陥らせることは避けなければならない。**問題は必ず起こる。重要なことは、正しく真摯に対応し、迅速に行動することで、問題の拡散と信用失墜を最小限に止める**、ということだ。

トランプ大統領（当時）の登場で、「フェイクニュース（嘘のニュース）やオルタナティブ・ファクト（別の真実）」という言葉が世界中で流行った。そして米国は、合衆国（The United States of America）から分断国（The Divided States of America）の様相を帯びるようになった。

トランプ氏は表現の自由のもとに、SNSなどで自分の言いたいことを発信する一方で、自分に都合の悪いニュースは、プレスコンファレンスなどでメディアに対しフェイクニュースやオルタナティブ・ファクトなどと一刀両断していた。

このことで今まで以上にメディアが情報を正確に、かつ客観的に伝えられているかに人々が強く関心を持つようになった。だからバイデン政権は「正確な情報を国民にタイムリーに伝える」ことに努めていくだろう。

トランプ氏は歴代大統領に比べ問題発言も大変多く異質な人物であった。彼の一言一言に米国だけでなく世界も振り回された感がある。逆に言うと、それだけ言葉には良い悪いは別にして力があるということだ。だから発言者、特にリーダーはデータなどを用い正確に物事を伝えることに留意しなければならない。

2020年のクリスマス前には、コロナ感染を封じ込めるために国民の協力を要請する演説で、いつもは冷静なドイツのメルケル首相が答弁中に感情的になっていた。そのことがかえって国民の安全を想う彼女の真摯さ、真剣さがそのまま国民に伝わることになった。

一方で日本の政治家の話を聞いていても、「熱い思い」が感じられない。日本の政治家の演説を聞いて、感動で涙が出るだろうか。

私は、米国でオバマ大統領（当時）も含め何人かの政治家の演説を聞いて胸がつまったことが幾度となくある。それは、言の葉に魂が宿っているからだ。事前調整型社会である日本では、政治家が官僚によって用意された答弁書に目を落とし淡々と棒読みするだけで、言葉に魂は宿らない。言葉が生きていないのだ。それがわからないのだろうか。

2020年初春、クリーブランドでコロナが蔓延し始めたとき、最初にクリーブランド・クリニックとケース・ウェスタン・リザーブ大学が共同で行ったことは、万が一の医療崩壊を防ぐために、最新鋭の医療教育キャンパス（Health Education Campus）をコロナ患者対応用として開放し、最新の換気システムも整備し、隔離病棟として1000病床を用意したことだ。その施設を現時点で使用する医療危機的な状況にはなっていないが、**最悪のシナリオを想定して対策を練るのがリーダーに与えられた使命**であろう。

またそれを地域社会に正しく伝えることは、人々の信頼と安心を勝ち取るためにとても大切なことだ。

欧州も米国も人前で真剣に議論、討論する社会である。たとえ意見が違っても、相手を尊重しながら議論を交わす環境に幼少期から置かれる。そして日本社会と比べて一番大きな違いは、米国では幼少期からみんな違うのだから、それぞれの個性を伸ばすという教育法をとることだ。言いたいことは言い、違う意見には反論し、議論するのが当たり前の環境で育つのだ。

一方、日本では、幼少期から横並び社会で育ち、あまり目立つことをよしとしない。これは「和をもって尊し」あるいは「阿吽の呼吸」文化の弊害だろうか。

日本人は人前で他人と異なる意見を述べるということが一般的に不得手だ。なぜならそういうトレーニングを受けてこなかったからだ。日本語でそうなのだから、海外に出て英語でとなるとなおさら議論をしても太刀打ちできない。

「議論ができる」能力は、今やこの国際社会で不可欠なものだから、日本でも小学校から正しいディベート（討論）の授業を組み込んでいく必要があるだろう。また、ディベートに対する大人の意識と能力改革も欠かせない。

デジタル時代での赤鉛筆と万年筆
コミュニケーションの〝スタイル〟を持て

私の鞄には「三種の神器」が入っている。トンボの赤鉛筆、それを削る真鍮でできたドイツ製DUXのずっしりとした鉛筆削り、そして手づくりの中屋万年筆である。これらは私にとって欠かせない仕事道具だ。それにしても、日本の文房具の使い勝手と質は世界最高だと思う。

赤鉛筆はパーソナルにも社内向けにも活躍している。様々な部署から上がってきた書類に赤鉛筆でコメントをつけたり、間違いを指摘したりして、添削して指示を出す。鉛筆削りを使って赤鉛筆を尖らせる時間は1分間くらいだが、その間、気分転換になるし、何をどう書こうかなどと構成を練るひとときにもなる。

もちろんパソコンには修正トラッキング等の便利な機能のついたWordなども入っているが、あまり好みではない。この点に関して私は古い人間なのだろう。部下に指示するときも赤鉛筆で記したメモを秘書によく渡している。不明な点があれば彼らは私のオフィスに聞きにくる。そこでまた話す。

医療機器開発製造会社のトップがアナログなのかと思われそうだが、これが私のスタイルである。決して達筆ではないが、手書きの文字には書き手の感情が宿る。字の大きさや勢いで、単なる指示内容だけでなく、そのときの気持ちも込めて部下に伝えようとしているのだ。

例えば、「もういい加減に結論を出せ！」と言いたいときには、字は大きいし、勢いよく右上がりに書き殴る。「ありがとう」の気持ちを伝えたいときは、丁寧に穏やかに書く。受け取った相手は文体で私の顔が浮かび、声が聞こえているはずだ。要するに私の直筆が私となり、部下との有効なコミュニケーションになっているのだ。

一方、万年筆はスケジュールと毎日思いついたことをハードカバーの予定帳（本当に使いやすいＪＡＬグローバルクラブのダイアリー）に書き込む際に使っている。また、親しい友人や取引先のパートナーに向けて手紙を書くときにも万年筆を用いている。

デジタル化が進んだ今日において、意外と思われるかもしれないが、**欧米のリーダー社会の付き合いにおいて、手書きの手紙は大きな意味をもっている。**特に、何かのお礼をするときや誕生日は、直筆の手紙なしにはありえない。

私もよく知人からいろいろな機会に手紙を受け取る。在クリーブランド日本国名誉領事に就任した際（２０１８年11月）も、直筆のお祝いの手紙をたくさんいただいた。彼らは良質な厚めの紙を使って、それぞれ自分用にカスタマイズされたレターセットをつくっている。お礼状、クリスマスカード、ニューイヤーカードを送るとき、印刷されたものだけではなく、短くても本人の直筆のメッセージが加わっているところに書き手の気持ちがこもる。それが大切だ。

乱筆で文字が下手くそでもいい。それも時とともに味わい深くなってくるものだ。だから、私も機会があるごとに愛用の万年筆を使って簡単でも短くてもよいからメッセージを加えるようにしている。

会っていなくても、書いている瞬間は相手に思いをめぐらせる。いろいろあったことを思い出す。瞬時に届くEメールがあるこのご時世、手書きを冷ややかに見る風潮があるかもしれないが、魂が宿る表現手段を「楽だから」というだけで効率化してはいけない。こんなに**すべてが便利になって、忙しい世の中だからこそ、ゆっくり時間をとって相手に感謝の気持ちを伝えることが大切**なのだ。

意味のあることを測っているか？情報を瞬時に共有するハドルを組め

組織とは異なる能力をもった人たちの集まりである。それぞれがバラバラに行動していたのでは、望む結果は出ない。組織をどうまとめるかは、経営者の永遠の課題である。

今、米国では組織の経営管理を考えるときに『TEAM OF TEAMS』（日経ＢＰ社）という本がよく読まれている。アフガニスタン戦争でアフガン駐留軍司令官を務めた米陸軍スタンリー・マクリスタル将軍の著書だ。軍隊では全く異なる専門性をもった様々な部隊（チーム）が、タイミングを合わせ効率よく統率されないと軍隊として機能しない。

それは企業も同じだ。従来の組織は社長をトップとしたピラミッド型の構造で、情報は下から上に上がる過程でフィルタリングされていく。しかし、このモデルでは刻一刻と目まぐるしく変化していく高度に情報化する国際社会において、情報の「質」と「鮮度」に限界がある、という根本的な問題点を指摘している。

そこで、著者が提唱しているのが〝Team of Teams〟という組織モデルである。ある共通の目的・ゴールを中心に様々な専門性をもったチームを惑星のように集めることで、各チームから中心部の経営陣に情報が瞬時に共有されるようになる。

では、どのように情報が伝達・共有されるのか。著者は〝Huddle〟（ハドル）をその効果的な手法として挙げる。フットボールの試合を観に行くと、試合前や試合途中のタイムアウトにヘッドコーチが選手を集めて円陣を組み立ったままで数分の短いミーティングを行っているが、それをハドルという。

何を話しているのかといえば、ここまでのプレーに対する評価や、相手チームの戦術や選手に関する情報共有、次に行う戦術の確認などである。この短いミーティングを企業経営に応用し、各部門（Tiered）の実行部隊から中心の戦略統合本部に向かって、必要な情報や対処すべき問題点が簡潔にまとめられリアルタイムで集まってくる。

私が理事を務めるクリーブランド・クリニックは、約6万7000人を超える医師・スタッフを抱える巨大な国際医療機関だ。内部には様々な階層（Tier）のマネジメント・チームがある。目まぐるしく変わる患者情報（患者の容体や新規入院患者の人数やその容体等）に対して限られたリソースをどのように活用するかは、患者の命を左右する重要な問題である。そこで〝Team of Teams〟という組織モデルと〝Tiered Daily Huddles〟に基づいた情報伝達法を活用し、病院の経営に活かそうと試みているのだ。

ハドルは「今すぐその場で行う3分会議」と訳せば、ニュアンスが伝わるだろうか。それがなぜ効果的かとえいば、まずアジェンダがない。会議室にも行かない。従来は、アジェンダを用意し、あちこちの部門とすり合わせを行う。そして会議のための部屋を予約して、もし予約できなかったら、どうしようかなどと無駄な時間が多かった。

一方、ハドル会議では、例えば廊下などその場でそれぞれの部門のチーム（数人単位）が立ったまま数分で情報共有をする。短い限られた時間の中で、チームの面々に自分の言葉と声で、現時点での問題は何で、どのように対処し解決するのか、助けが必要なのかを言う。そのことによって、チームメンバーに自分がやっていることをわかってもらうのと同時に、自分で自分の言っていることに対しコミットすることになるからだ。

〝Tiered Huddles〟では各末端部門からいくつもの中間管理職層を通過して問題点が中心の経営陣に向かって、ハドル形式で情報が集まってくる。クリーブランド・クリニックでは毎朝6時に始まる世界の拠点、各部門のハドル会議の情報が午前11時にはＣＥＯに共有される。そして必要とあればＣＥＯはその部門に指示を出す。

だからQED幹部ハドルでも、数分内に必ず全員に発言させて、「誰が何をいつやるのか」が明確になったうえで、各自が速やかに業務に戻る。

チームの業績を評価するときに、「何を測るのか」ということは大変重要なことだ。当社でも幹部会議で「今回、次のような評価・計測指標を導入しました」と部下が報告すると、私は「なぜその数値を測りモニターするのか意義を説明せよ」とよく言う。本質を伴わない単なる数値化は無意味だからだ。

「測る」ということでよく読まれている本がある。OKRs(Objectives and Key Results)というコンセプトを打ち出したジョン・ドーア氏の『Measure What Matters』(邦題は『伝説のベンチャー投資家がGoogleに教えた成功手法OKR』、日本経済新聞出版)だ。要約すると「測ることができないものは、改善させることができない」。そして「意味のあることを測れ」ということだ。

物事を考えるときに、何が大事で(Objectives)、それを成し遂げるにはどのような結果を出せばよいのか(Key Results)を常に考えよ、というのが趣旨である。

チームがOKRsの責任者となり実行することで、達成する喜びも生まれる。この積み重ねが企業文化の健全な醸成につながると考える。

医療機器MRIの常識を覆した日本人イノベーターの新技術

※Wedge 2018年1月号特集『ものづくりの未来イノベーションを生む5つの鍵』より収録

2017年秋、QEDが開発した「革新的な新技術」が業界トップの独シーメンスのMRIスキャナーに標準採用され、同社と長期独占契約を結んだ。RSNA(北米放射線学会)は、毎年約6万人の医療関係者が集う世界最大の医療機器の展示会で、主にCT、MRI、X線、超音波など画像診断装置の最新モデルを各メーカーがお披露目する場となっている。ヘルスケア業界をけん引するシーメンスのブースは最大級の広さを誇るが、訪問者数も圧倒的で身動きをとるのも一苦労だ。くだんの「革新的な新技術」はブースの中央に横たわるマネキンを覆っていた。見たところ「ブランケット」のようだが、これこそが「14、5年ぶりに起きたイノベーション」(医療機器関係者)だという。

この新製品を手に取り質感を確かめながら、ねじったり丸めたりしている台湾人医師に感想を求めると、「患者が楽に検査を受けられるだけでなく、医療従事者にとっても扱いやすく、検査時間が短縮できそうだ」と高評価が返ってきた。シーメンスヘルスケア上級副社長(現・シーメンスヘルスニア取締役)でMRI事業を統括するクリストフ・ツィンデル氏は「今回のブランケット型コイルは画期的だ。今後すべてのモデルへの導入を目指している」と興奮気味に話した。

MRIを簡単に説明すると、強力な磁場を発生させるスキャナーの中に患者が入り、臓器や血管などを撮影する画像診断装置である。身体には臓器などから誘発されたラジオ周波数の起電力を受信するためのコイルを取り付け、30~40分間をかけて検査を実施する。業界では画像の精度向上はもちろんのこと、検査時間の短縮やスキャナーの開口部の拡大による圧迫感の緩和など、患者のストレス軽減に向けた開発競争を繰り広げている。

そして今回のイノベーションは身体に取り付けるコイルで起こった。従来のマット型は弾力性が高いため、身体に巻き付けた上にバンドで強く固定する必要があった。しかし、ブランケット型は非常に柔軟性に優れているため覆うだけでよく、身体にまとわりつくことから信号受信感度が高まり、画像の精度も上がるという。重さも約3割軽量化された。

自由自在に形を変えるブランケット型コイルの共振周波数や性能を左右する他の電気特性値を常に一定の範囲で保つことや、曲がっても壊れない精密電子部品の耐久性の向上など、技術的なハードルを次々とクリア。承認まで通常数カ月かかるFDA（米国食品医薬品局）の審査も、申請からわずか11日という異例の短さでパスした。

藤田氏が新製品の開発を始めたのは今から2年半前。エンジニアらと仕事終わりにBARで技術談議をする中で、「超軽量でフレキシブルなコイルができれば患者の負担を軽減できる」との開発コンセプトを思いつき、紙ナプキンにブランケット型コイルのイメージや設計思想を書き上げた。

開発には同社のエンジニアの約5割を占める25人を惜しむことなく投入。「私たちにはイノベーターである以外の選択肢がありませんから」との発言の裏には、最先端の技術を開発しつづけなければ、過去の実績があってもすぐに淘汰されるという危機感がある。

「いくら優れた技術があってもトップ

企業に採用してもらわないと世界には広まらないし、それでは私が目指す理念は実現されない。業界のリーダーであるシーメンスのスキャナーに標準採用されることが非常に重要なこと」

革新的な技術だけでは真のイノベーションは起きないと考える藤田氏が、シーメンスのツィンデル氏のもとにカバン1つで飛んだのは17年3月。「たった1時間のためにウィーンまで行ったが、あのトップ会談がなければ新製品は世に出なかった」と藤田氏はターニングポイントを振り返る。シーメンスがQEDの技術の採用を決めた舞台裏とイノベーションに必要な要件について、両者へのインタビューから明らかにする。

イノベーションに必要な外部の力とリーダーシップ

編集部（以下――）ブランケット型のMRIコイルの製品化はどのような経緯で決まったのか。

QED・藤田浩之CEO（以下、藤田）シーメンスのクリストフ・ツィンデル博士と2017年3月にウィーンで会う機会があり、開発を進めている新技術について話したところ、すぐにシーメンスの全ＭＲＩスキャナー搭載を目標とした新技術の開発を、シーメンスの開発チームの一員として目指すことになった。11月のここシカゴのＲＳＮＡで新製品のＦＤＡ承認を発表する目標を設定したため、時間が非常に限られていたが、製品試験に必要なすべてのリソースをドイツだけでなく米国内でも提供してくれた。ツィンデル博士の素早い決断とリーダーシップ、サポートがあったからこそ、短期間での製品化が実現できた。

シーメンス・ツィンデル上級副社長（以下、ツィンデル）　今回のプロジェクトは医療業界が求めていたものであり、ヘルスケア産業全体にインパクトを与える優れたアイデアだと瞬間的に感じ、すぐにチームを設立した。正確に何分とは言えないが一晩で決めた。私はイノベーションを重視しているし、これは成功させなければならないと感じたからだ。

　プロジェクトの完成に不可欠なのは人の存在だと思う。ＱＥＤが設立された２００６年から我々は戦略的パートナーシップを築いており、コイルについて情報交換をしていた。だからQEDが非常に革新的であり、リーダーシップにも優れた企業だと知っていた。

こうしたプロジェクトで難しいのはお互いの情報交換だが、藤田博士は我々のドイツ本社を定期的に訪れて話し合いを行っていた。このようなパートナーシップを持っていると、成功するものへの嗅覚が生まれ、話を聞くだけで実現までのプロセスが思い浮かぶ。それを理解できるのがリーダーシップだ。ＦＤＡ認可も思ったより早く取得でき本当に驚いた。今回のプロジェクトは強力な外部会社と協力しイノベーションを実現する好例になった。

――トップ同士で高度な技術対話ができたことが成功の要因か。

ツィンデル　リーダーの専門的知識に基づく決断は、医療機器という分野では非常に重要になる。シーメンスには家電から宇宙開発、医療まで様々な部門があるが、それぞれに高度な専門知識を持ったリーダーがいて、リーダー同士が横のつながりを持ちつつも、自分の部門のために決断を下している。

私は外科医としての経験があり、非

常に重症の患者をみてきたことで、患者が必要とする快適さをテクノロジーによって実現できないかと考えていた。現在ＭＲＩ部門のリーダーとして迅速な決断をする上で、こうした経験が役立っている。藤田博士の企画を見て即断できたのもそのおかげだ。

――シーメンスは大半のコイルを自前で開発しているが、外部技術の採用を躊躇する〝ＮＩＨ〟（Not Invented Here）シンドロームに陥らなかったのか。

ツィンデル　すべての大企業はこの問題に直面している。しかしＭＲＩというのはコモディティ製品ではなく、非常に先端的で複雑な技術を必要とする。こうした分野で他社と競っていくためにはパートナーと共同開発を行う必要がある。私は自分の会社が技術先進国ドイツにあるからといって常に競争力を保てるとは思っていない。もちろんビジネスを進める上で競争力を保つのは必要不可欠だが、縦横に展開するイノベーションにおいては外部の技術の取り込みなしには、それを実現するのは不可能だ。つまり外部のアイデアを採用することが競争力を高め、技術革新を呼び込むことになる。

技術は非常に複雑になり、開発はスピードアップしている。もし企業が自社だけでの開発にこだわるならば、悲惨な結果となるだろう。ＱＥＤのようなパートナーを短期ではなく長期で持てることは幸せなことである。異なる文化や技術革新精神を取り込むことは企業にとってプラスになる。中国、日本の人々は優秀な頭脳を持っている。

我々は４００の最先端研究パートナーを外部に持ち、このネットワークがあるからこそ迅速かつ最大限のイノベーションを果たすことができる。これはリーダーシップの問題でもある。

藤田　イノベーションの実現には企業同士の協力体制が不可欠だ。縦の関係だけではなく、戦略的パートナーとしての横の関係も大切になる。ＭＲＩの開発においてもワイヤレス技術など、いくつもの技術革新の余地がある。これらの技術をまとめて新しいものを作り出し、患者の役に立つということこそが我々が求めるイノベーションだ。

―― パートナーとの技術開発が中心

になる中、シーメンスはR&Dでどのような点に注力するのか。

ツィンデル 業界のリーダーでもあり技術会社であるシーメンスにとってのR&Dとは、シンクタンクのようなものだと思う。技術を持つ人々を探し出し、彼らのアイデアを実現する、それがR&Dだ。今日では新技術はネットワークの中からしか生まれない。

技術面ではQEDのような強力な開発部隊があり、アカデミックの面ではヨーロッパ、中国、日本、米国などの有力大学と協力し、シーメンスはそれら外部の力を集結させてイノベーションを起こす役割を果たしている。QEDに投資をすることは、こうしたコラボレーションに投資するということだ。これこそが我々のビジネスモデルであり財産となっている。

―― 革新的な技術を生むには長期にわたるR&Dが不可欠だが、一方で株主は短期的な利益を求める傾向が強まっている。シーメンスヘルスケアは2018年に新規株式公開（IPO）の予定だが、この2つをどう両立させるのか。

ツィンデル　もちろん企業として株主には一期ごとの決算報告があるが、株主が最終的に求めているのは会社が長期にわたり健全で、将来への見通しや戦略を持っていると確信できることだ。私は株主が長期計画に対し投資を行うことに賛成してくれると思う。

――QEDはIPOの予定がないようだがなぜか。

藤田　私は経営者として1年後ではなく5年後、7年後の会社を見据えている。シーメンスのMRIスキャナーのプロダクトサイクルなど、すべての要素を長期的な視点で考えながら開発を進めなければならない。それが可能なのは私が企業のオーナーだからだ。特に米国では投資家の目的は投資を回収することにある。しかも短期であるほどベターとなる。もし別の投資家が経営に加わっていれば、彼らの要求を満たすために自分のプライオリティを変えることになり、それにより注力すべきテクノロジーの開発に時間が割けなくなる恐れもある。

もし私の企業が新技術を提供できなければ、シーメンスは我々と戦略的パートナーでいる必要性を感じなくなるかもしれない。シーメンスは世界屈指の超巨大企業だが、QEDは高度なテクノロジーを売り物にしている小さなプライベート企業で、その形態は極端に異なる。だからこそ我々はシーメンスよりも迅速に動き革新的な新製品を開発する必要がある。それこそがQEDの生命線であり、私の時間を割く可能性のある他の投資家を呼び込まない理由だ。

――イノベーションに欠かせない企業文化とは。

藤田 何か新しいものを作り出すにはステータス・クウォ(現状維持)を受け入れない企業文化が必要だ。社員は変化を好まないものだ。今回は研究開発には2年以上かけているが、製品化は実質6カ月のプロジェクトだった。私がタイムラインを告げると、社員の最初のリアクションは「不可能だ」というものだった。

私は「他に選択肢はない、我々はただやり遂げなければならないのだ」と言った。「私が求めているのは実現を可能にするアイディアであり、こんな問題がある、あんな制限がある、という不満ではない」と。彼らには考え方のパラダイムを変えさせたが、それこそがイノベーションを生んだもっとも重要な要素だった。

ツィンデル 大切なのはチームとして取り組むということだ。私は協力企業やサプライヤーなどパートナーシップを持つ人々に権限を与えることと引き換えに、起業家のような意識を持ってもらいたいと思っている。もちろん組織のリーダーは時に失敗によるリスクを受け入れなければならない。しかし、それが学びのプロセスでもあり、失敗も数多くあるからこそ、多くのことを吸収して次の成功につなげることができる。これこそがイノベーション・カルチャーだ。

――日本では「減点主義」がイノベーションを阻んでいるとの指摘もあるが、シーメンスではエンジニアをどのように評価しているのか。

ツィンデル 技術面やチームの一員としての適性など様々な評価要素があるが、リスクを承知で果敢に挑戦し、その成功・失敗談を社員と共有する技術者への評価を忘れてはならない。

開発が成功に終わることも失敗することもあるが、シーメンスでは常に中心となるのは顧客の存在だ。新技術には機密性、パートナーとの協力など様々な要素が含まれるが、最終的にもっとも大切なのは技術が製品化され、顧客の役に立つということである。そのためにはリスクを恐れてはいけない。

ライフヒストリー②

博士号を取得、そしてGEのRFコイル統括部門責任者へ

大学卒業後は大学院に進学しようと思っていたため、物理と数学の様々な科目を取り、4年生のときにはテネシー州のオークリッジ国立研究所の固体物理学部門の研究生に選抜された。そこでは担当教官ジョン・ブダイ博士のもとYBCO高温超電導薄膜材料のX線回折の実験結果を解析する研究をしていた。

とてもやりがいがあったが、徐々に自分は物理の基礎研究をずっとやっていく性格ではないと思い始めた。それよりももっと医学に関わるような物理をやりたい、そして目に見える形で社会貢献したいという思いを募らせていった。

そのことをブダイ博士に話すと、ジョンズ・ホプキンス大学、マサチューセッツ工科大学（MIT）、ケース・ウェスタン・リザーブ大学（CWRU）を勧めてくれた。そして、1992年にオハイオ州クリーブランドにあるCWRUの大学院物理学博士課程に入学した。

クリーブランドはオハイオ州の北東部にある人口約40万人の都市で、州都コロ

ンバスに次ぐ第2の規模を誇る。１８００年代には鉄鋼産業や自動車産業が発達し、全米における工業の中心地として発展していった。

ＣＷＲＵは、米国で初めてのノーベル物理学賞受賞者マイケルソンとモーリーを輩出した理工医学系の大学で、光速不変の原理を実証した実験が行われた大学である。この実験結果が、アインシュタインが後に相対性理論を構築する土台となったことはよく知られている。またＭＲＩ（磁気共鳴画像診断法）の原理を開発し、ノーベル賞を受賞したポール・ラウターバー教授は化学科の学部出身だ。ノーベル賞受賞者の輩出者数はこれまで17人で、理工医学系に力を入れている。

１９９２年から始まった大学院での最初の２年間は、朝から夜遅くまで物理の様々な科目を死に物狂いで勉強した。その後担当教授を決めるため、物理学者だが医学部放射線科でＭＲＩの画像撮像における様々な撮像パラメーターの最適化、撮像パルス系列（シーケンス）や画像再構成の高速化の研究をしていたマーク・ヘイキー教授にお願いをしたのだが、なんとワシントン大学への異動が判明。そこで同僚の先生を紹介していただき、医学に関連する物理を研究していた理論素粒子物理学と電磁気学が専門のロバート・ブラウン教授に師事することになった。

研究生活ではクリーブランドに本社をおいていた画像診断装置メーカーであるピッカー・インターナショナル（現フィリップス・ヘルスケア）から委託研究を依頼された。さらに1997年、ピッカーから研究開発部署に研究者として入社してほしいとの話があったので、私はPh.D.（博士号）を取得する前にピッカーでの研究者職を始めた。そして仕事をしながら夜に博士論文を書いて、1998年に無事、博士学位論文の審査に合格した。

そして2000年には、ある2つのスタートアップ企業への移籍話が浮上した。研究開発だけではなく、経営に関われるということで、研究以外にも視野を広げたいと思っていた私にはありがたい話だった。

そして世界的な医療機器メーカー（GE、シーメンス、フィリップス、東芝、日立など）にRFコイルを開発、製造、そして供給することを事業としていたUSAインスツルメンツ（USAI）に移籍することを決めた。

その後USAIはGEメディカル・システムズに買収。国際色豊かなグローバル企業であるGEの中枢でモーレツに働き、2004年にはGEメディカルのRFコイル統括部門の総責任者となった。

第 3 章

グローバル競争に勝つ脱日本型経営

Fail Fast!

希薄になった起業精神を取り戻し自分たちの未来を自ら創れ

私は医療機器開発製造会社であるQEDを創業して以来、毎年1月に全社員に向け、年頭の指針書として手紙を送っている。QEDにとって何が大事か、今、何を伝えなければならないのかを考えている。毎年、テーマを変えているが、その根底にある企業理念、哲学、精神性、伝えたい文化に変わりはない。そしてもう一つ重要なことは、**私たちを取り巻く事業環境がものすごい速さで常に変わっているということだ。それを認識しているか、していないかは企業の生死に関わる。**

元GE会長のジャック・ウェルチは「もし外部変化のスピードが内部変化のスピードより速いとき、終わりは近い」と喝破した。リーダーは未知・不確定の未来に対し、柔軟かつ迅速に対応し、道を切り拓いていける企業文化を創っていかなければならない。

英国の自然科学者チャールズ・ダーウィンは『種の起源』で次のように言った。

「生き残る種とは、最も強いものではない。最も知的なものでもない。それは、変化に最もよく適応したものである」

これは企業にも当てはまる。常に変化していく事業環境に素早く適応できる力をもたないといけない。

〝QED, Keep A Startup Mentality!〟
（ＱＥＤ、起業時精神を忘れるな！）

創業12年目にはこのテーマを選んだ。順調に毎年業績は伸びているが、会社が大きくなるにつれ、また新入社員が増えるにつれ、私たちが創業時にもっていた起業精神が希薄になっているからだ。

新入社員のなかには転職組も多い。前の会社でそれなりの役職に就き、それなりの給料をもらってきた人たちの多くは、まず会社があって、仕事があって、そして給料を毎月もらって当たり前だと思っているのだ。今日出社したら仕事はあって当たり前で、創り出すものだという感覚が非常に希薄なのだ。そこを私は危惧する。

私は、ＱＥＤを何もないところから立ち上げたから、仕事は自分でつかみとるものだ、という意識が強い。この仕事を取ればどれだけの価値が将来出るか、すなわち投資価値などという指標を最初は持ち合わせていなかった。というより、生きていくためにそんなことを言っている暇がなかったのだ。そういう創業時のことを肌身で知っているから、今の社員たちの受け身的・消極的、そして妙に論理的な態度を危惧するのだ。これは私の仕事ではないといった悪い縦割り、分業化の意識は早期に摘まなければならない。

物事に立ち向かうときは、前向き・積極的な態度が一番大事である。一歩ずつ重ねていく根性と不屈の精神が必要だ。**できない理由をあれやこれや羅列するより、「こうやればできます」という精神性のほうがよっぽど尊い。**

毎週幹部会議を招集するが、問題が起こったら「こんな問題があります」ではなく、「こんな問題がありますが、こうすれば解決できます」と最後まで詰めるよう指示している。問題は他人が解決するものではなく、結局自分で考えて解決するものだからだ。まずやってみる。これこそ起業精神だ。環境の変化に取り残されないよう、安住せずに常に挑戦し続けなければならない。

私の大切な仲間である社員たちに、自分たちの未来は自分たちで創っていくもの、という意識をもってもらうために書いた手紙が先ほどの〝QED, Keep A Startup Mentality!〟なのだ。仲間とともに私の挑戦は続く。

優秀な学生の青田買いは何が悪い 横並びの悪弊を打破せよ

２０１６年6月1日に日本では就職面接が解禁になった。巷ではインターンシップが青田買いにつながる、１日だけの就業体験はいけないとの論調もあった。

企業も採用活動コストを圧縮するためか、学業優先との名目でこの解禁日のルールを守っているようだが、どうして日本社会はいつまでも、「右向け右」の社会なのだろうか。渡米して30年近くになる私には異様に思える。

本質的な意味のない決まりや制約が多すぎる。青田買いをして何が悪いと、逆に聞いてみたい。企業は必要な人材を必要なときに採用するものだし、短期間の一括採用で優秀な人材を本当に確保できるのだろうか。

「もし生きていくために就職する必要がないなら、君は毎日どのようにして過ごすのか。自分の情熱があることをやるだろう。それこそ、君がやるべき仕事だ」

これはバークシャー・ハサウェイ会長のウォーレン・バフェット氏の言葉だが、学生が自分の適性を見極めるためにも、企業でインターンシップができることは望ましいことだ。財界や官庁がインターンシップの時期、期間に関するルールを一律化するために学業優先などと一見正しく聞こえるようなことでごまかしてはいけない。

採用・就職活動はそれぞれの企業と学生に任せておけばよいことだ。企業がインターンシップで学生を採るのは別に慈善事業でやっているわけではない。有能な人材が欲しいのだ。米国では優秀な人材を採るために大学3年生、4年生のインターンシップをやっている企業は多いし、私の会社でも毎年やっている。

もちろん広く人材募集の案内等も出すが、私は長年交流がありお互い信頼できる間柄の大学教授や様々な業種のビジネスリーダーたちに常日頃からＱＥＤがどのような人材を探しているかを伝えてある。

優秀な成績が一番大事なことではない。それ以上に人柄、性格、積極性、責任感、チームワークということに重点を置き、それらの要項に適う人材を紹介してもらっている。

例えば大学教授から電気工学部3年生の紹介があれば、面接をし、ＱＥＤの望む人材であるなら夏休みにインターンシップをしてもらう。時間をかけてお互いを知り、両者が望むなら次の冬休み、春休み、夏休みと会社でさらなる経験を積んでもらう。

これは学生にも非常に役立つ。普段、大学で勉強している電気回路、物理学などの理論が、実際には技術系の会社でどのように活かされ製品化されていくのかを学べるからである。学問を違う視点・深度で見ることができるようになるのだ。

ＱＥＤがこの学生に入社してもらいたいと感じ、学生もＱＥＤでやりがいがあると思えるなら大学卒業と同時に就職してもらう。これは両者にとって望ましいことだ。学生は自分の時間を投資し、企業もそのインターンシップに投資しているのだから。

結局、**企業と学生の将来は他人が保証するものではなく、それぞれが自分のやることに責任を持てばよいだけの話だ。**新卒予定者は立派な大人だ。一律に解禁日を規制するのではなく、成績が悪ければ卒業できないという簡単なルールがあれば必要十分である。大学はもっと学生の自己責任を重んじ、厳しい内容にしなければいけない。

日本社会にこう言いたい。

「むやみな過保護主義をやめ、もっと自立・独立精神を養おう」

社員は数字達成の手段ではない！給料以上のインセンティブはあるか

日本も米国も資本主義国家で、市場経済のもとで社会は動いている。企業が賃金をどのように決めるかは、いくつもの要素が絡み合う非常に複雑な問題だ。

消費の拡大につながる基本給の底上げ（ベア）は労働者にとってはありがたいだろうが、経営者からすると企業を持続的に維持・成長させ、さらに企業を取り巻く不確実性にも耐えるために、そう簡単にベアはできない。

一旦ベアを行うと、ベースダウンは極めて難しくなるのが人間の心理というものである。経営実態に見合わない賃上げは企業を蝕み、社員の削減、あるいは倒産という本末転倒な結末に至りかねない。

政府はときに国策として公的資金を投入し、経営が傾けば世界市場に負の影響力のある企業を救済することがある。しかし、企業の先行きに関し、ほとんどの場合責任を持たない政府が賃上げを要求するというのはやはり筋違いだろう、と私は思う。

米国でもオバマ政権時、そしてバイデン政権でも最低賃金の上昇を政府が要求したが、市場経済を原理としている国家、社会で政府が賃上げを要求するのはやはりおかしい。

当社では毎年オハイオ州における給料のデータベースを基に、従業員の学歴や職務経験に鑑みて、私と人事部で、給料を決めている。そして毎年行う賃金上昇の査定に関しては、幹部やその従業員の上司や部下との話から私が「感じる」ことができる貢献度を考慮して、金額を決めている。

しかし、正直なところ、賃金だけで従業員を引き留めようとするやり方では、賃金競争に陥り限界があると思う。**賃金だけで測れない「働きがい」「やりがい」「よろこび」、また「社会貢献しているプライド」などの価値観をしっかり企業の文化として醸成させていくことが非常に大切だ**と考えている。

QEDは医療機器開発・製造業であることから、みんなが力を合わせて働くことによって患者さんの病気の早期発見につながっているというプライドがある。それを企業文化のコアとして社内で機会があるごとに発信している。その精神性を日々積み重ねていく以外に方法はない。

また私は、年功序列型賃金体系に対して編み出されて、よく耳にするパフォーマンスベース（能力給）という昇給評価は、結果がはっきりしているスポーツ選手等を除いて、信用していない。集団で達成する企業の業績に関して、個人の貢献度はきっちりと線で囲んで「これだ」と言えない曖昧なものであることが多い。

人間の心理として多くもらう分には良いが、もし企業の業績が悪かった場合、曖昧な貢献度の定義のなかで、今までもらっていた額より減る分にはやはり納得しづらいからだ。実際、私は従業員の基本給を下げたことがない。士気が下がるからだ。

こういう人間心理のなかで企業を持続的に維持・成長させるには、たとえ賃金上昇率が他の会社より低くても、給料の額だけではなく、「この会社で仲間とともに働き続けたい」と従業員に強く感じてもらえる企業文化を育むことが、経営者にとっては何より重要である。

経営者が数字を達成するための手段として従業員を捉えている企業も多い。その場合は、業績が悪くなると、簡単にレイオフしてしまうだろう。

私は、人材こそ宝と考える。だからこそ、前述したように**社員がプライドをもつことができ、自分も同じ船に乗っていると思える企業文化を常に構築するために経営者は努**

力しなければならないのだ。お金だけのつながりは本当に脆いものだ。

ＱＥＤでは、業績が悪いからと、会社に貢献してくれている貴重な人材をレイオフしたりはしない。従業員を予算達成のための「便利なモノ、あるいはナンバー」と扱った瞬間に、その企業は従業員にとって同じ船ではなくなる。

何度も述べたが、最後はすべて人間関係に落ち着く。だから**経営者は人間のつながりを重視した経営を心がけなければならない**。これは、米国も日本も関係ない。企業倫理は経営者の人格の写しだと、私は自分に言い聞かせている。

なぜメールアドレスが書かれていないのか？名刺に透ける表面的な日本企業の風土

「これを機に、今後ともどうぞよろしくお願いします。次回、日本に来られるときは、ぜひ連絡ください」

いろいろな会合で日本の有力企業の社長・会長を務めておられる方と名刺交換をする機会がある。だが、後で名刺を見てみると、会社名と肩書、名前はあるが、肝心の電話番号やメールアドレスを明記していないことが多い。

社長・会長には簡単にはアクセスできないという日本特有のカルチャーなのか、あるいは外部の者から連絡が殺到するという懸念があるからか、このような名刺をもらってもあまり役には立たない。

一方で欧米のエグゼクティブの名刺には、メールアドレスはもちろん、直通電話や携帯電話の番号が記されている。この違いは、大変大きい。

トップ同士で直接対話できることで、お互いの真意を相手に速やかに伝えることが可能となる。そのことによって、次にとるべき行動も迅速に判断できる。出会いの場は一期一会であり、リーダーのコミュニケーションへの積極的な姿勢を表す場でもある。

欧米企業では、透明性という観点からもメールの扱い方が興味深い。例えばドイツのシーメンスはトップでさえメールアドレスを名刺に記しているが、メールを送ると、複数の秘書にも同時に送信され仕分けられると聞いた。このことで、経営陣には「常に見られている」という意識が働くはずだ。

このように、**メールアドレスを名刺に明記することで、リーダー同士の対話を可能とするだけでなく、経営の透明性やビジネスモラルの確保という観点からも役立っている**といえる。

コミュニケーションのあり方は、社会や企業がどれだけ速く情報や機会を得て、それらに対し戦略を練り、また変化にいかに素早く対応できるかを左右する。

例えば、日本で斬新なアイデアで新しい事業を起こした若者が、大企業の社長と新しい事業機会を話し合いたいと思っても、あいだに何層もの決断できない中間管理職のスクリーニングが入ってなかなか直接話すことができないだろう。その間にビジネスチャンスは逃げていく。

米国では、その壁が本当に低い。私も何度もそういう経験をしてきた。起業して会社が小さかったときでさえ、直接、大企業のトップや有力なビジネスエリートと対話することでチャンスを与えられ、事業拡大につながっていったことが多々ある。このリーダー同士の直接対話の場の有無が、日本で米国ほど起業文化が広まらないことと密接につながっているように思える。

日本社会はコミュニケーションが大事、横のつながりが重要と表向きには言う。しかし実際には、不可欠な部品等を製造しているような中小企業を指して「下請け企業」という言葉が存在するように、大企業をトップとしたピラミッド社会である。経営陣は何層にも外部からの「距離」を遠ざけることで保護されている。

本音と建前があるダブルスタンダードによって貴重な機会と経営に欠かせないスピードを失っている。**世の中を切り拓くものは、他人がお膳立てしたコミュニケーションではなく、自分の直感と本能に基づき直接対話をする能力が不可欠だ。**

ビジネスは人と人とのつながりで成り立つ。特にトップ同士の対話、決断が何より重要だ。その貴重なパイプを積極的に築こうとしない日本の風土は残念でたまらない。

二重国籍を容認する欧米
グローバル人材の国籍離脱が続く日本

2019年、QEDが輸出に大きく貢献したことが認められ、私は米国大統領賞を受賞した。トランプ政権時のことであるが、オバマ政権時に続き二度目の受賞である。私は米国籍を取得していたため、NHKニュースでは「日本出身の経営者」と紹介された。2012年にオバマ大統領（当時）は、日本国籍であった私を一般教書演説に招待したことにより、「なぜ外国人のかわりに米国人を招待しないのか」という批判を受けた。私は大統領への尊敬と感謝の念から、大統領に批判が及ばぬよう、すぐに米国籍を取得することにした。

私も含めて**米国籍や外国籍を取得した日本人のなかには、そうせざるを得ない状況にあった人たちが多い**。米国での起業もそうだが、米国政府や州政府・公的機関の要職に就くには米国籍が必要であるし、投票権を持っていないと政治や政策づくりに全く影響力を持たないのだ。米国で中国系や韓国系のアジア人が政治で力を持つのは（例えば公的な場所での慰安婦像の設置）、彼らは投票権を持っていて、影響力を行使するからだ。

日本人のノーベル賞受賞者を数えるときに面白い表現がある。「米国籍を取った日本人も含めると」というものだ。なるべく日本人受賞者の数を多く数えるために苦労した表現で、奥歯に物が挟まったような言い方だ。日本の国籍法では、日本国籍を持つものが米国籍（外国籍）を取得した瞬間に日本国籍は自動的に消失するため、「米国籍を取った日本人」という言い方は厳密には正しくない。

一方、米国で日本国籍を有する夫婦に子どもが生まれた場合、その子には米国籍と日本国籍が与えられる。日本の国籍法によると原則として22歳になるまでに、どちらの国籍を選択するか法務省に報告することになっているが、その法律を遵守している人は私のまわりにはほとんどいない。そのような状況で成人した後も両方の国籍を持つ人は、何歳になっても日本のパスポートの更新が問題なくできる。そういう違法な人たちが数万人いるそうだ。こんなおかしな話はないだろう。

要するに法律に抜け穴があり、形骸化しているわけだ。そして、この理不尽なダブルスタンダードを行政機関は見て見ぬ振りをしているのだ。

先進国の中で二重国籍を認めていないのは日本くらいである。クリーブランド連邦準備銀行の前総裁はイタリア国籍と米国籍を持っていた。公職である総裁に就く際にはイタリア国籍を離脱して、職を去ったあと、イタリア国籍を再取得し多重国籍者に戻った。違法な手段でレバノンに逃走した元日産自動車会長のゴーン氏も多重国籍者だ。

国際結婚も増え、ビジネスのグローバル展開により、世界中でボーダーレス化が進んでおり、この傾向は今後も続くだろう。日本は今後、若者人口が減り、ますます高齢化社会になる。外国から労働者を日本に連れてこようという話もある。

それも大切だが、海外で必要に迫られて母国を想いながらも外国籍を取得した「元日本人」の日本国籍を復活させることも検討すべきだろう。法を遵守し国籍離脱した者が、法を守っていない者より制限されるのはおかしい。現行法に柔軟性を持たせ、国益に適う者を多重国籍者として優先したって構わないではないか。

私の母国は日本だから、「日本人」であるという思いが消えるわけがない。米国籍を取った瞬間に日本の行政機関から氏名をカタカナで表記されたこともあった。勝手に私から漢字表記を奪わないでもらいたい。

企業経営はゴールなき戦い 起承転結の「結」を見誤るな

ＱＥＤを創業してから、様々な講演やパネル討論を行ってきたが、何度も投げかけられた質問に〝What is your exit plan?〟というものがある。しかし、創業した矢先に「出口戦略は何ですか」と聞かれたときは、未来を見透かす水晶玉はもっておらず答えに窮することがあった。

創業当時はただがむしゃらに働いて、なんとか事業を軌道に乗せようと必死だった。世の中にはどうもスタートアップはすぐに買収されるか、上場させることが成功の証しと捉える風潮がある。市場規模の分析や顧客戦略、資金の調達法、技術の補完・拡張など、ＭＢＡ等の教育を否定するものではないが、いかにも方法論のみでビジネスを理解しようとする浅はかな考えが私にはしっくりこなかった。

企業は一次元で語れるものではなく、n次元のものであり、取り巻く環境は社内外の

人に依存する複雑な関数である。企業とは人であり、生命体である。意思をもち、健康なときもあれば、病気になることもある。よって、真心を込めて、真剣に世話をしなければ、とてもじゃないが、まっすぐまともには成長しない。人の魂と魂が真剣にぶつかり合うビジネスは方法論だけでは語れない。

一方で、私もそうであるが、創業社長は、自己の成功体験に基づくがゆえにワンマン社長が多く、できることなら自分の力とリーダーシップで企業を未来永劫、成長させたいと願っている人が多い。しかし、社長の最も大切な仕事の一つに、客観的に自分や会社の状態を評価する、ということがある。

ただ、言うは易く行うは難しで、自分を客観的に捉えることほど難しいものはない。元シアトル・マリナーズのイチロー選手の、自分の引き際をきちんと見極めた眼力には尊敬の念を禁じ得ない。

何事にも始まりがあれば終わりがある。大事なことは**企業の成長段階における「起承転結」を見誤らないことだろう。そして「結」は未来の次のステップにしっかりとつながらなければならない。**

社運を左右する決断を冷静にするためには、業績が良好であることが必要条件だと思う。負のスパイラルに入った企業は、存続のための応戦ばかりで、良い案はなかなか出てこないだろう。バトンタッチに失敗すると育て上げた事業も途絶えてしまうから、「出口戦略」はその意味では大変重要なものである。

企業を継続的に成長させるには、経営者には当社のような内部資源を活用して企業を有機的に成長させる（Organic Growth）以外に、様々な選択肢、例えば、買収、売却、株式上場、資本提携などがある。それぞれに長所と短所があり、これをいつどのように活用するのか、ということが大切になってくる。

もし売却を考えるなら、自分たちの育んできた企業体としての文化・価値観を共有しながら、長所や成長機会をさらなる高みに引き上げられるパートナーでなければならない。そうすることで、企業はまた新たな空気と栄養を吸収しプラスの刺激を受けながら、さらに大きく成長できるのだろう。

この「出口戦略」はスタートアップの安易な買収や上場といった「出口戦略」とはニュアンスが随分と異なる。今はまだ見ぬゴールを目指して、いつでも健全な形でバトンタッチができるよう、懸命に走り続けるのみだ。

自己研鑽、スキルアップのために国内外でＭＢＡを取得しようと思っている人は、ぜひ取得してみればよいだろう。それはそのプログラムの過程で、違う知識も増えるだろうし、いろいろな人に出会うことで視野も拡がるからだ。また、生涯の友人に出会うこともあるだろう。

私はいつも言っているが、人と人の出会いが何かを生み出していく。しかし、ＭＢＡを取得したからといって、経営の達人だとか、給料が上がるべきだと思うのは、私は短絡的で浅はかだと思う。企業は生き物だ。そして、企業を生き物にしているのは、従業員と企業を取り巻くエコシステムだ。

その従業員や取引先顧客を、自分がＭＢＡを取得しているからマネジメントできると言うのは間違っている。野球のルールブックを何億回読んだところで、野球は上手にならない。やはり、汗水垂らして練習を何度も繰り返し、エラーをし、頭を打ちながら上達していく。

事業も経営も人と人が真剣にぶつかり合うことで、前進・後退を繰り返しながら前に進んでいくものだ。資格を持っているから「経営のことをわかっている」と考えるのは甘すぎる。

BLM運動に突き動かされる米国企業
日本でも避けて通れない問題と知れ

ある有力団体のCEOを務める白人の知り合いから、「BLM（Black Lives Matter）が深刻になっているが、黄色人種のヒロはどう思う？」と露骨に聞かれたことがある。米国社会には依然として人種差別が深く根ざしていることを再認識させられた。

今、米国社会で一番大きな問題は〝Diversity and Inclusion〟だ。「人種にかかわらず個々の違いを受け入れ、認め合い、生かしていく」ということだが、米国は建国以来この問題でずっと苦しんでいる。日本にいるとその深刻さは実感としてわかないだろう。

私が理事を務めていた高校で、ある日、キャンパスを歩いていた黒人の生徒に在校生の親だと思われる白人男性が、「お前らは道を開けろ」と差別的な言葉で怒鳴った。それを目撃した先生は生徒に駆け寄り慰めようとしたところ、「慣れているから心配しないで」と言ったという。

黒人の子どもは生まれたときから、銃を持っていると勘違いされないように人前では絶対にズボンのポケットに手を入れない、また万引きしていると誤解されないようにお店に入ったら絶対に商品を触らないように教えられていると聞く。

肌の色の濃さによって区分され、扱われ方が違う環境のなかで、やり場のない感情を抱えて幼少期から育ってきた有色人種（あるいは〝濃色人種〟と言ったほうがより正確だろう）の苦難の深さは想像を絶する。

米国社会には人種間の不公平を是正するための〝Affirmative Action〟（積極的格差是正措置）がある。例えば、大学入試等では黒人枠や米国先住民枠、ヒスパニック枠などが設けられてきたが、今では白人がそれを「逆差別」だとしてあちこちで論争が起きている。アジア系学生が成績優秀でも入学できないのは人種差別だとハーバード大学を相手取った訴訟問題も発生した。

今回のＢＬＭ運動がこれまでと違うのは、「もう人種差別はいい加減にしてくれ！」という感情によって多数の国民が立ち上がっていることだ。人種差別に関して何も言わないことは悪と見なされる風潮があり、各企業・団体のトップが人種差別反対の声明を公に出している。それがさらに政治や企業を動かしている。

例えばクリーブランド商工会議所でも、各企業のトップが人種差別反対抗議書に署名して幹部に黒人を積極的に登用するためのプログラムなどを打ち出している。

当社もある黒人団体から人種差別を許容している企業だとクレームを受けたことがある。それは経営陣に黒人がいないからだ。私からすると適材適所という判断の結果、白人系またアジア人系のメンバーとなっているのだが、それを公的な場で発言すると「人種差別」ということで訴訟問題にもなり得る。

このような事案は企業に限らない。私が理事を務める、ブラインド・オーディションで選抜しているクリーブランド管弦楽団も、黒人の演奏者がいないのは差別だとクレームを受けたことがあった。何を言っても人種差別と言われるのなら、答えようがない。

ここに〝Diversity and Inclusion〟の本当の難しさがある。

グローバル展開する日本企業も、これを対岸の火事と済ましてはいられない。人種問題は、もし日本が将来、真の意味で多様性のある社会を目指すなら、避けては通れない。

やはり**人類が前進するには人種で識別するのではなく、個々の人間という捉え方でしか成し得ないだろう。**そのためには、前書きでも触れたが、まず「白人と有色人種」という間違った分別をやめることにあると考える。

ライフヒストリー③

GEを退職、そしてQED起業へ

GEへの移籍を通して、スタートアップと巨大企業という両極端な経営視点を併せ持つトレーニングを、第一線で体験できたことはとても大きかった。後に起業したときの自分の視点が、単眼ではなく複眼になっていた。

USAIがGEになって私も親会社の仕事で忙しくなっていたとき、USAIが買収される前に担当していた東芝とシーメンスは、戦略の方向転換を迫られていた。RFコイルの開発はMRIスキャナーのシステム設計に直結していて、その開発・設計のためには次世代のスキャナーの詳細を競合会社であるGEと共有しなければならない。戦術を明かすことは戦略上、決して得策ではない。

そういう背景から、2004年のほぼ同時期にシーメンスのMRI部門の社長ハインリッヒ・コーレム博士、そして、その後を引き継いだウオルター・メルツェンドーファー氏と東芝メディカルの社長、桂田昌生氏とMRI事業部長であった塙政利氏から独立のお誘いを受けた。彼らが私の仕事ぶりをよく知っていて、私とならパートナーとして組める、と信頼していただいたからだ。

このようなチャンスは人生でそう巡ってこない。その誘いを受けた夕方、家に帰って妻に「ＧＥをやめて会社を興す」と伝えた。彼女は、それが私のやりたいことなら人生は一度だから応援すると言ってくれた。

２００４年の春、ＧＥに辞表を出した。私のＧＥでの役職上、様々な法的な制約条件があったので、まず冷却期間をおくためにケース・ウェスタン・リザーブ大学（ＣＷＲＵ）の物理学科の教授となり、次世代のＭＲＩ研究をしながら事業の構想を練った。

そして２００６年初春、クリーブランドの郊外に小さな社屋を借りてＱＥＤを創業した。ＱＥＤとはQuality Electrodynamicsの略で、物理学者であった私はQuantum Electrodynamics（ＱＥＤ、量子電磁力学）にかけて品質・信頼性（Quality）を大切にするという思いを込めて命名した。モノづくりは国力に直結すると確信している。モノをつくれることが国力なのだ。

起業に要した資金は、１年半後の２００７年の秋に新製品を出荷するとの契約を交わしたことで、シーメンスと東芝が開発費を前払いしてくれた。成果物もない状態で株も担保にしないで資金を出すことは、今ではなかなか考えられないことである。人種に関わらず一対一の人間の相互の信頼関係がどれほど重要かということがわかる事例である。

QEDを起業して4年が経った2010年のある日、全く面識のないクリーブランド管弦楽団の理事長から連絡があった。

「突然の電話で申し訳ないが、今度のバレンタインデーにピアニストのミツコ・ウチダがクリーブランドの熱心な音楽ファンのためにロンドンから来てモーツァルトの公演をします。彼女は慈善家でもあり音楽活動を通して人道支援もされています。できればクリーブランドで新興企業を率いて成功している日本人のあなたにコンサートのスポンサーをお願いしたい」

私は「もちろん喜んで」と即答した。

コンサートの日がやって来た。大盛況のうちに演奏が終わると、一人の老紳士が壇上にいた私に近づいてきて、「このような素晴らしいコンサートのスポンサーを引き受けてくれてありがとう。君のやっていることをもっと知りたい。後日連絡する」と言った。その紳士が米国財界屈指のユダヤ人リーダー、アルバート・ラトナーさんで、彼は私のことを各界の名士たちに聞いたそうだが誰も知らなかったらしい。「このクリーブランドで管弦楽団を後援できる人物なのにワシが知らないとは何者だ」ということで私に声をかけたそうだ。

それからアルバートとの長い付き合いが始まった。彼は異国から来た私が地域社会に貢献する姿を認めてくれ、無償でＱＥＤの取締役になって、米国での様々な人脈形成の手助けをしてくれた。

第4章

世界で貢献できるリーダーの真髄

Fail Fast!

社会貢献が期待される米国で求められる「顔の見えるアジア人」

クリーブランド・クリニック主催のVeloSanoというガン撲滅研究募金が目的の自転車走行慈善活動に参加した。このイベントは参加者が自転車で走行する距離をそれぞれ決めて、その走行距離で決められた額の募金活動をするものである（例年10月1日が締め切りで、目標額に達しないときは差額を自己負担）。

例えば、2017年には私は80キロのコースにエントリーしたので、最低でも1000ドル（約11万円）の募金を集めなければならない。私は支援してくれた友人たちのおかげで9月1日時点で1万3880ドル（約153万円）が集まり、個人募金額トップ20リストの15位に入っている。約2000人の参加者で集めた募金は約3億円にのぼる。この全額がクリーブランド・クリニックのガン研究基金として使われるのだ。

このような慈善活動イベントは全米各地でよく行われている。特にクリーブランドは慈善家が多い。米国の産業草創期に鉄道事業・石油事業等で身を起こしたロックフェラー家や他の大富豪がこの地で活躍し、慈善事業を通して社会貢献をしていくことの大切さを一族に伝承し、そのような文化がここには根づいている。

米国では社会のリーダーには社会貢献が期待されている。**社会的地位を有するだけではなく、「慈善事業・活動で認められている人」が真のリーダーとされる。**自分たちさえ儲かればよい、などと考えている人や企業は、決して米国社会で受け入れられない。

結局、人も企業も社会の一部である。自分たちが暮らす地域社会や国に対してそれぞれができる範囲で貢献し、みんなでより良くしていこうということである。こういう志をもったリーダーが集まることで、社会は良くなる。そしてリーダーたちの交流から新しいプロジェクトが生まれてくる。これがアメリカン・ドリームの本質だ。

私も自分や会社の業績に合わせて、ＱＥＤを通じ、あるいは個人としてクリーブランド管弦楽団やケース・ウェスタン・リザーブ大学、オハイオ州立大学、クリーブランド・クリニック、米日協会、地域の学校、恵まれない人たちの支援機関等に慈善活動を行っている。

また、様々な公的・私的機関で理事等の役職も無報酬で引き受けている。その理由の一つは**米国社会で、「顔の見えない存在」あるいは「永遠の外国人」と言われるアジア人の地位を向上させる**ためだ。米国で人種を語る際に白人、黒人、ヒスパニックという言われ方はよくされるが、そこにはアジア人はなかなか入ってこない。

米国社会ではアジア人家庭の平均収入は一番多い（２０１６年度 US Census Bureau 参照）。にもかかわらず社会における寄付・慈善活動に積極的に参加する人は少ない。人口的に見ても米国では今やアジア人は少数民族ではない。しかし社会の物事を決める重要な政治の場、例えばワシントンでの政府会議等に出ると、アジア人の意見は反映されていない。政府の評議会や大学・病院等の理事会に出るとアジア人は私だけということがよくある。

私はそこを少しずつでもよいから行動し、変えていきたいと考えている。だから募金額も上位に入らなければならない。つまり、認知されなければ不十分なのだ。

〝Perception is reality.〟すなわち、いくらごたごた言っても、認められなければ意味がない。だから行動し、結果を出す。自分の器に合わせて社会に貢献し、発信していくことが大切である。

米国の核の抑止力の傘下で、日本は平和で安全な国であるし、美味しい食べ物もたくさんある。島国であることもあり、そこで暮らしていると世界の変化のスピードがなかなか感じられない。きびしく言わせてもらうと、「茹でガエル」状態だ。教育システムも何十年も硬直化したままで、世の中がめまぐるしく変わるなか基本的に何も変わっていない。英語を義務教育で中学から教えてはいるけれど、国際社会で本当の意味でコミュニケーションに使えている人は、私の知るかぎりほとんどいない。

また米国に進出している企業を見ても、東京本社から出向で米国の現地法人に来ても数年で本社に戻る人がほとんどだ。だから現地に根を下ろして、地域社会に（ボランティア活動や寄付なども含めて）貢献しようという思いが希薄だ。

だから、私は日本人として、またアジア人として現地社会で貢献するように努めている。2021年の1月に新聞で発表された「クリーブランドで知っておくべき150人の有力者」に私のことが紹介された。しかし、問題があるとすれば、150人の中でアジア人は私一人だけだということだ。ほとんどが白人で、少数の黒人が含まれている。ここに危機感を覚える。

こちらの大学の医学部、理工系の研究者には中国系、インド系は本当に多い。しかし、地域社会のボランティア活動や慈善事業などにはなかなか出てこない。

これはやはり、「地域のために何かをしよう」という情熱の希薄さの反映だと思う。それでは、いつまで経っても米国社会では認められない。

よく白人系の知人からは、「アジア人家庭（とくに中国系）は、自分の子どもたちに英才教育を施すことに一番重点を置き、学校で成績が良ければ、そのほかのことは無駄と、あまり関心を示さない」と聞くことも多い。ステレオタイプなイメージとして、「ピアノが弾けて、数学がよくできるだけだ」と揶揄されることも多い。

トランプ大統領（当時）がコロナウイルスを「チャイナ・ウイルス」と公言し、米中貿易戦争を継続したなかで、アジア人への差別、偏見、風当たりは強いものがあった。日本人と中国人は我々からすると見かけは違うが、米国人から見れば、日本人も中国人も見かけは同じだ。こういうなかで、「アジア人」として尊敬・信頼を勝ち取るためには、普段から地域社会に個人としても企業としても貢献しなければならないのだ。

また日本政府はこういう地道な活動をきちんと現地政府、地域社会に発信していかなければならない。まさに私は在クリーブランド日本国名誉領事として、機会あるごとに発信に努めている。しかし二重国籍を認めていない日本からは、現地に根を下ろして頑張ろうという若者はたくさん来ないだろう。果たしてそれでよいのだろうか。

日本からの留学生は減少する一方で、まず米国あるいは海外に留学したいと思う若者がどんどんと減っていると聞く。野心が欠落している。これでは、超大国となった中国や次の超大国と言われているインドからのハングリー精神の塊の若者たちと世界の舞台では競争できないだろう。

問題なのは、「別に競争しなくてもいいだろう」などと変に冷めて開き直っていることだ。世界で最も高齢化社会であり、若者人口もどんどん減少し、東京を除いては各地の田舎で過疎化が進んでいる日本の未来をどうするのか。

自分たちが知恵を絞って、道を拓き解決しないと、誰か他の人がやってくれるものではないのだ。危機感が足りない。

外国からの移民を真剣に受け入れるつもりなのか。言葉の問題はどうするのか。少し、考えただけでもすぐにいろいろな課題が出てくるだろう。

こういう問題を解決するには、まず自分の視野を広げなければならない。**日本の若者は海外に出て、異文化を理解することに努め、将来に渡っていろいろなことを相談し合える自分の人脈を、世界中に築いていかなければならない。**

仕事だけが人生の「罠」！
休暇で思考を巡らすことの効用

アルバート・ラトナーさん（1927年12月26日生まれ）はポーランドからの移民の両親のもとにオハイオ州クリーブランドで生まれ、ファミリービジネスである建築資材（材木）の供給会社だったフォレスト・シティーを上場させ、全米を代表する複合施設ディベロッパーに育て上げた。

例えば、ニューヨークのタイムズスクエアにあるニューヨーク・タイムズ本社ビルもフォレスト・シティーが手掛けている。全米のあちこちにある高級ショッピングモール開発や著名大学の研究棟施工などに従事してきた。

一方で、ユダヤ人であるラトナー家一族は大富豪でもあるが、大変な慈善家でもあり、「人間として、どうあるべきか」という一族の価値観を世代から世代へと伝承してきている。

私の家族も毎年恒例になっているラトナー家のユダヤ教一大行事〝Passover Seder〟(エジプトで奴隷になっていたユダヤ人の「出エジプト」という歴史を語る行事。自分自身がかつて奴隷であった歴史を振り返り、子どもに語り継ぎ、現代でも残る様々な社会問題に立ち向かっていこうという決意を新たにする行事)に招かれるが、そこで世代を超えた親族の集まりで、ラトナー夫妻は一族に考え方を伝承している。様々な社会の問題、例えば貧困、人種差別、教育などの問題に関わり、国や州政府、また市の行政にも働きかけ、少しでも改善していくことをライフワークにしている。

私は〝Work hard, and play/relax hard.〟いう考え方を今はしている。しかし、そうはいっても瞬時にスイッチを入れたり切ったりできるほど器用ではない。だから休暇をとるときは、仕事用のコンピューターやiPhoneは見ないようにしている。見てしまうとダラダラと日常的な仕事をしてしまうからだ。何かよっぽどのことがあれば、何らかの方法で電話がかかってくるだろう。

一方で、よくありがちなのは、会社の創業者はその生き方自体が仕事になってしまうことだ。だから逆に休暇中は普段、日常業務に追われ振り返る時間がなく思考を巡らせることができないことを、ゆったりした環境で考えるようにしている。

会社から一歩距離を置いて観察してみたり、他のリーダーの寄稿やインタビュー記事を読んだりすることは、人材のことや中・長期の事業計画を考えるうえでとても役立つのだ。要は考え方のメリハリをつける頭の切り替えが大切なのだ。

「ライバルには絶対に負けたくない」
「会社を軌道に乗せ大きく成長させる」

私は40代半ばまで仕事至上主義で家族も顧みず、休暇もとらずに働いていた。日本で育ったこともあり、男なら仕事にすべてをかけることが正しい生き方だと信じていた。GEでは朝7時から世界各国に常駐するプロジェクトチームとの電話会議から始まり、その後も様々なマネジメントに追われ、真夜中まで働いた。

2006年にQEDを起業すると、「オレが働かなければ、何も始まらない」と相変わらず猛烈に働いた。体力にも自信があり、常に精神的にハイな状態にあったので、長時間働いても疲れを覚えなかったが、妻は「このままだと早死にするわよ」と心配していた。

しかし、2011年に米国ユダヤ人社会の重鎮であるアルバート・ラトナーさんと出会い、「家族を大切にできない人間は、社員も大切にできないし、結局、何をやっても人生の意味はない」ということを教わり、人生観が大きく変わった。彼はワーカホリックになっている私を見かねて、「年末年始にフロリダで休暇をとるので、家族と一緒に来なさい」と誘い出してくれた。

2020年はコロナ蔓延で中止となったが、彼は毎年、冬に温暖な気候のリゾート地で一族とともに長い休暇をとる。そこでは家族や知人のこと、仕事や社会、政治、宗教といった、実に様々なトピックをリラックスした雰囲気で楽しみながら話し合う。アルバートと彼の妻オードリーさんがみんなの相談役になり、一族の価値観というものを次世代に教育、伝承しているのだ。

私は「これが休暇をとるということなのか」とびっくりし、今まで味わったことのない平和な休息感と充実感を覚えた。また「人生にとって何が大切なのか」をじっくりと考えることができた。

休暇のあとアルバートは、「2週間休むと会社はもうなかったか?」と尋ねてきた。私は「いや、もちろんありますよ。みんなの仕事も順調にはかどっているみたいです」と答えると、「お前が思っているほどお前は重要ではないんじゃ」と笑い、こう続けた。「ヒロ、人生を歩んでいくときに、何が大事かの順番を間違えてはいけないぞ。まず、家族、次に仕事、そして最後に自分が暮らす地域社会。この順序が大切じゃ。温かい家族がなければ、人生は豊かではない。だから家族と過ごす休暇はとても大切なんじゃ。それを忘れないことが本当の父親・経営者・リーダーの心構えというものじゃよ」と。

仕事がなければ家族を支えられない。そして自分が暮らす地域社会も一緒に発展していかなければ、そこで暮らす人びとは生きていけない。

前述したが、私は毎年年始に、社員にその年の方針、また私が大切だと思っていることを綴った手紙を送っている。家族とじっくりとコミュニケーションをとることで、ふだん考えもしなかったアイデアがたくさん浮かび、今では休暇が翌年の事業方針を練り上げる大切な時間となっている。

休暇をとることで経営に必要な体力を回復し、経営判断に欠かせない曇りない心を高いレベルで整え、また360度に近い視野で物事を捉えることができるようなコンディショニングに努めている。

売り手と買い手がともに満足し、また社会貢献もできるのがよい商売であるという「三方よし」という考えがある。私がビジネスを語るときは、過去の自分を省みつつ、今は**家族のことを最優先に考える「家族よし＋三方よし」が大切である**と説いている。

読書に勝るとも劣らない賢人の教え
年配者と付き合うことの効用

「○○さんにちょっと連絡をとって」と私の秘書に頼むと、笑いながら冗談が返ってきた。

「ヒロの友達の平均年齢は80歳を超えていますね。もっと若い友達をつくらないと」

考えてみると実際そうだ。友人には例えば私が師と仰ぐユダヤ人で94歳の賢人アルバート・ラトナー氏のような年配者が多い。年を重ねても、こんなに社会から必要とされ、生き生きと次世代に貢献している姿を見ていると希望が湧いてくる。

いろいろな理事会や会合に出ているが、メンバーには現役の人に交じり、肩書が「元○○会長・社長」という人もたくさんいる。米国では定年退職がない。現役を退いたとしても外の世界で顧問やボランティアという立場で若手リーダーの助言・育成役になったり、起業の手伝いをしたりと、80歳、90歳になっても精力的に活躍している人が多い。

また米国には、寄付行為も含めて社会貢献することが尊敬されるリーダーの義務という風潮がある。今まで培ってきた豊富な経験や知恵、人脈を活かして社会に役立ちたいという人が本当に多いのだ。だから私の周りにも様々な企業の最高経営責任者を務めた人が多く、いろいろな相談に乗ってもらっている。

彼らの職種はそれぞれ違うが、どんな企業や団体でも直面する問題は古今東西共通のものが多い。よって基本的にどんな問題が起ころうと彼らはほとんどを経験してきている。その問題の対処法などを見聞し学ぶことは、若手経営者にとってとても大切だ。

例えば、近所に住む94歳のビル・コンウェイ氏（１９２７年生まれ）は鉱物資源活用・開発企業Fairmount Santrolの創業者だが、当社でマネジメントの教育講演をしてもらったり、一緒にゴルフをしたりするなど、大変親しくしてもらっている。彼は会社を成長させていく段階で、やはり成長を支えるチームづくりが大切だと強調していた。

そしてチームをまとめるのがリーダーの仕事だから、**リーダーの資質に欠かせないのはみんなからの信頼**だと説く。またビルさんの人生の指針は、父から教えられた「他人から取るのではなく、与える人間になりなさい」ということだそうだが、実際様々な地域の慈善事業に関わっている。

彼は「他人の意見を静かに聞く能力が経営者、特に創業経営者には一番大切だ」とよく語る。なぜなら成長している会社の創業者にはどうしてもカリスマ性が伴い、下手をすると独裁的になり、会社で起こっている問題が見えない「裸の王様」になっていく危険性があるからだ。私も苦言を呈する部下の言うことには静かに聞くように努めている。

93歳（1928年4月26日生まれ）のディック・ポーグ氏は世界的な弁護士事務所Jones Day のグローバル・マネージング・パートナーを長年務めた人物（現在は上級顧問）だが、彼は様々な訴訟に関わってきた経験から、「本当に些細なことでも判断を誤ると、とんでもない大きな問題になる。だから問題が小さいときにキチッと素早く対応すること」と口酸っぱく私に教えてくれる。

1897年に創業、「フォーチュン500カンパニー」でもある大手ジャム食品会社The J.M.Smucker の創業家4代目で名誉会長を務めるティム・スマッカー氏は76歳だ。私と同じオハイオ州立大学理事を務めていたが、ある時、彼はスマッカー家に代々伝わる『スマッカー家の教え』という小冊子を私にくれ、企業倫理、哲学こそ経営で一番大切だと教えてくれた。

冊子の正式名称は〝The J.M. Smucker Company Strategy〟であり、毎年発行されて社員に配布される。その中で、スマッカー社がどのような目的で存在するのか、どのような方法論で事業を成長させていくのか、物事を判断する際に何が大事なのか、そして将来の事業計画はどのように描いているのか、という章に分けて社員に語りかけている。

それらの根底に流れているのが、１８９７年に創業したJ.M.Smucker氏が一番大切にしていた、「お互いを信頼し尊敬しあえる関係を構築するために努力する」ということだ。その哲学を根底に、「品質、人間、倫理、成長、開拓精神」という価値観が各章で解説されている。

また、ティムさんの弟のリチャードさんはクリーブランド管弦楽団の理事長であり、私も一緒に執行役員理事として仕事をしているが、折に触れて彼の考え方や発言の出所は『スマッカー家の教え』にあることが容易にわかる。

著者の経験を自分のものとすることができる読書と同じように、**社会の荒波を乗り越えてきた賢人の経験談を聞くことは、お金では買えない貴重な勉強の機会**でもある。限られた時間しかない我々は読書や経験談からできるだけ多くのことを学び、活かしていかなければならない。

客観性・中立性の落とし穴！トップは責任の本質を真っ先に再確認せよ

私は州都コロンバス市に位置するオハイオ州立大学（ＯＳＵ）の理事を務めている。任期は9年だ。ＯＳＵは学生と教員・スタッフの数を加えると12万人を超えるマンモス校だ。この全米屈指の州立教育機関を州知事から任命された17人（２０２１年1月現在）の理事で運営している。うち２人は学生理事で、彼らも議決の際、投票権をもつ。これは大学経営の透明性を学生も含めて保つためだ。

また客観性の維持のために理事は毎年、州政府に株式の保有状況や企業との取引実績、大学との商取引の有無、家族構成、親族関係等、詳細な書類の提出・公開が義務付けられている。虚偽の申請はもちろん論外だが、不適切と判断されれば関わりがある議題に対しては投票できない等の措置が講じられる。情報公開と、この州立大学の代表というプライドと使命感が公平性や客観性を担保している。

ＯＳＵは大学病院等も含む総合大学だから、運営の舵取りには様々な専門性が必要となる。理事会は異なった専門性をもつ理事で構成され、理事は様々な委員会、例えば学生保全委員会、人材開発・報奨委員会、ガバナンス委員会、学術研究・産学共同研究委員会、コンプライアンス委員会等を率いる。

理事会や委員会にはいろいろな報告が上がってくる。問題が起これば、まずは専門性の高い理事・委員長が中心となり、独自の調査委員会を立ち上げ、理事会で事実関係や対応策を協議し、関係機関や担当部門に報告・指示する。

ここで大事なのは、**運営責任がある自分たちがまず検証し、対策を速やかに講じること**である。そして、それを外部に対して一貫性をもって発信していく。要は起こったことを「自由落下」させないのだ。

日本では問題が発生すると「客観性・中立性」の観点から、真っ先に第三者委員会の設置を発表する経営陣が多いように思う。米国では大学に限らず企業の不祥事などでも第三者委員会の設置が最初の対策とはあまり聞いたことがない。

日本のこうした風潮は、経営陣が普段からきちんと管理・対応していないことの裏返しではないだろうか。**経営陣が責任を持って調査することなく、いきなり第三者に検証**

や対策を委ねることは無責任の極みであろう。

客観性などの点で欠けるのであれば、追加で立ち上げることは否定しないが、まず自分たちで問題の解決策を協議しなければならない。

州立大学は公的機関で州の税金が投入されるので透明性が求められている。理事会の一部は公聴会の形式をとる。議題によっては理事会に警察の護衛がつく。理事会が大学に対し常に要求していることは、どんな些細に見える問題でもすぐに報告することだ。特に多人種国家である米国では、些細に見える案件でも大問題になる危険性を孕む。

つい最近も著名な白人至上主義団体のリーダーがOSUで集会を開きたいと要請してきた。公立大学として憲法で保障されている信教・言論の自由を守ることは大切だが、多人種で構成される大学で尊重されるべき人権とキャンパス・セキュリティの観点から不許可とした。たとえ、訴訟に発展しても、理事会で明確な立場をとりパブリックに対して責任を持つことが重要である。

大学であれ企業であれ、経営陣はできるかぎり速くリスクを検知し、対応しなければ組織の存続問題にもなり得る。経営陣が自分たちの責任の本質を再確認し、世間や株主から後ろ指をさされないようなガバナンスを正常に機能させなければならない。

ガバナンスを健全化するオオカミはいるか？
主義主張には良識と筋を通せ

公立大学や公益財団などの外部組織を統治するのはとても骨の折れる仕事だ。私は16の組織や団体の理事を務めている。一匹オオカミの性分で派閥に属することは苦手である。正しいと思うことは遠慮なく言わせてもらうし、意に反する内容でも静かに聞く耳を持つことを心がけている。そして私が間違っていれば素直に謝り、前言を修正する。

このような性格もあってか、立場が独立していて中立性が確保できるということで、よくガバナンス委員長を任される。約３０００億円を保有・運用するクリーブランド財団や全米最大級の約12万人を抱えるオハイオ州立大学でも委員長を務めている。

本来組織にはそれぞれのミッションがあり、その使命を果たすために理事や委員は、大局的な立場から優先事項を決めていくべきなのに、あるリーダーが不健全な野心や野望を抱くことで、組織は間違った方向に進んでいく。

ガバナンス委員長として苦い思いをよくするのが、それなりの社会的な立場にある人でも、醜い嫉妬や妬みを抱えていたり、自らの影響力を保持するためのポリティクスに多くの時間を割いていたりすることだ。

たいていの理事会や委員会には派閥抗争がつきものだ。「あなたは素晴らしい仕事をしているね」と言っておきながら、他人には「あいつは駄目だ」と陰口をたたく人や、両派閥に対していい顔をして態度を鮮明にしない人も多い。また、人前ではプロセスが大事だ、客観的に判断しなければならない、と言いながら、裏でこっそりと知人に仕事や役職の便宜を図ったりする者までおり、愕然とすることもある。

このようなリーダーは組織にとって百害あって一利なしで、失格だ。そういう人とは、オモテ（みんなの前）で徹底的にケンカ（議論）をして、みんなに互いの主張を聞いてもらう。その結果、公の場でどちらの発言が正しいかを判断してもらえるからだ。

そのときに大切なのが、主義主張に良識があり筋が通っているかということだ。**「あの人は誰に対しても主張が一貫している」という信頼感はとても大切になる**。策士には策をウラで練る機会を与えず、権限のあるポジションから外すようにしなければならない。

私が理事会や委員会でよく口にするのが、「組織はリーダーシップの映し鏡だ」ということだ。会長、社長、理事長、学長の言うこと、やることがそのまま組織全体に伝染していく。とくに〝play both sides〟（話す相手によってころころと都合よく話を変えていくこと）をするような人物をリーダーに据えてしまうと、組織に正義感と倫理観がなくなっていく。

日本でも近年、上場企業や様々な組織において、外部から取締役や理事を受け入れ、ガバナンスの向上が叫ばれているようだ。ガバナンスは、取締役会や理事会といった第三者が参加する会議自体が重要なのではない。その本質は、外部の人材を選ぶ側と選ばれる側の双方が、どれだけ本気でガバナンスをする覚悟があるかに尽きる。

選ぶ側は組織にとって物わかりがよく、根回しがしやすい人を選んでいないだろうか。また、選ばれる側も、名誉職くらいの認識で取締役や理事を引き受けていないだろうか。それではどちらも組織のためにはならず、そんな組織はいずれ蝕まれていくだけだ。組織はリーダーシップの映し鏡である。

ガバナンスの観点から一番重要なのは、〝Checks and Balances〟（チェックとバランス）の考え方である。本来は、政治権力が特定部門に集中するのを防ぐために、政府各部門の（権）力に制限を加えることを意味する。そういう流れで多くの上場企業で、「経営の執行と監督の分離」を促すために独立社外取締役を任命している。

これは経営陣による独善的で偏った判断を防げるとあって、投資家には受けがよいだろう。しかし、私は、経営責任を負うのは経営トップであるＣＥＯなのだから、意見は聞くが、最終判断はＣＥＯの役目だと思う。普段は、経営に関わらない社外取締役が事業また人事に関わる重要案件を判断するようでは、ＣＥＯは仕事をしていないといえる。

コンプレックスで立ち止まるな！捉え方次第では原動力になる

コンプレックス（劣等感）は誰にでもあるものだ。周囲からすると、どうしてそんなことを気にしているのかと思われるかもしれないが、一般的な基準や他人の価値観などはそこには関係ないものだ。自分の中で納得、解決しないかぎり、いつまでも引きずってしまう感情である。

コンプレックスには大きく分けて2つあると思う。すなわち、自分ではどうにもできないものと、乗り越えることができるものだ。

前者は、例えば、米国社会では常に人種問題や差別が付きまとうが、白人ではなく黒人やヒスパニック、アジア人、いわゆる有色人種（濃色人種）であることで受ける差別や区別から生じるコンプレックスだ。

私は米国でいくつかの高等教育機関の理事を務め経営に携わっている。理事会で報告を受けるとき、入学してくる生徒を分類する際、「白人と有色人種（非白人）」と白人が発言する際には、非常に違和感を覚える。

この場合には、**自分の中でその変えられないコンプレックスをどう意義づけるかが大切**になる。なぜなら生きているかぎり、それは事実として自分の中に共存するからだ。

私も人種、容姿を含め、自分は自分、と素直に受け入れる。そして自分らしくあることと、すべてが同じ人間は一人としていないことを大切にする。

乗り越えられるコンプレックスとは、例えば自分の太っている体形に対する劣等感のようなものだ。この類のコンプレックスは誰にでも思い当たるところがあるだろう。これは努力をしろと自分に言い聞かせながら前進して乗り越えていく。

振り返ってみると、私は米国でグローバル企業に就職し、世界中から来た野心に溢れる人材と社内での出世競争にもまれながら、成功、失敗を繰り返してきた。自分をしっかりと持ち、言うべきことを主張する、自分にとってのリーダーシップ観は多人種が共存する米国社会でもまれて培われてきた部分が多い。この渡米後約30年間の軌跡は、東大受験失敗というコンプレックスから始まったのだ。

50代になりここまでの人生を振り返って言えることは、コンプレックスを引きずっても全然構わない、ということだ。むしろ、自分の中で共存するコンプレックスとどう付き合うかが重要だ。

コンプレックスをポジティブに捉え正の原動力に変えられるか、あるいは単なるブレーキとして立ち止まってしまうかで、その後の人生は大きく変わる。結局、人生とはその都度、起こってくる出来事にどのように対応したかの積み重ねである。

相手を知り、己を磨く 質の高い交流で学ぶ他人への思いやり

2019年のマスターズ・トーナメントでタイガー・ウッズが優勝した。女性問題や離婚、ケガを乗り越え、43歳での見事な復活劇であった。米国でよく使われる表現で、「成功した人にはごまんと父がいるが、失敗した者は孤児となる」というものがある。タイガーは孤独ななか試練を乗り切ってよく復活を果たしたものだ。

米国では老若男女を問わず、ゴルフは大変人気だ。私は、知り合いの社長からの誘いで40歳を過ぎてからゴルフを始めた。最初は自分の思うようにボールが飛ばず、悔しくて練習を重ねてきた。

物理学的に言うと、クラブの面をボールに直角に当てることでボールは真っすぐ飛ぶのだから、簡単なはずだ。しかし、遠くへ飛ばそうと力んだり、直角にインパクトしなければと考えることで、変なところに力が入ったり、精神が逆に乱れたりする。いつに

なったら、いつでも真っすぐ打てるのだろうか。おそらくすべてのゴルファーにとって永遠の課題だろう。

米国の名門カントリークラブはビジネスリーダーの社交場としての性格が強く、会員権を購入すればメンバーになれるというものではない。まず地域社会のリーダーであり、慈善事業にも積極的に関わり、そして複数名の会員の推薦書が必要になる招待制が一般的だ。また、会員候補者としてポスティングされた後、一定期間内に会員が一人でも異を唱えると会員にはなれない、という厳しい入会審査がある。

そうやって選ばれたメンバー同士、またゲストと美しい自然の中でラウンドするのは、精神のリフレッシュになる。カートを使わず18ホール歩くので、運動不足解消にも役立つ。

また、**ゴルフは相手を知るうえで質の高い交流の場**である。

考えてもみてほしい。例えば大企業の社長と昼食、夕食を含めて7時間近くのアポを普通とれるだろうか。そういう意味でプレーを通して相手の素顔や本性を知ることができる実に貴重な機会になる。

4人で回っていると、それぞれの性格、考え方などがプレーや言動に出る。安倍前首相とトランプ前大統領が何度もゴルフを通して交流していたのも、互いを深く知り、様々な分野での協調関係を築く手段として有効だからである。

それにしてもゴルフはメンタルの部分が大きい。ショートホールで第一打がピンそばに決まると、一緒に回っているメンバーが「ＯＫ、バーディー」と言ってくれるが、私は最後までパットを決めないと気が済まないタイプだ。どうしてもこれは決めなきゃ、と思って慎重になりすぎることでかえってメンタルが乱れ、外してしまうことが時折あるのだ。「本当はバーディーだったのに」と言ったところで後の祭りだ。みんなはニコニコと私を見つめて「パットしなければよかったのに」と笑っている。よし、次こそは、と心の中で静かに誓う。

ビジネスをするうえでゴルフも生涯を通して大切になると思い、息子たちには大学生の頃からプレーするように勧めた。ある日、次男とラウンドしたときに、うまく打てず負けず嫌いな彼は、イライラしてクラブを地面に叩きつけた。

私は次男に「悪いのはクラブじゃない。文句があるなら自分の腕をへし折れ」と言った。そして「将来、他の人とラウンドしたときに、そんなプレーをするようじゃ、誰からも相手にされないし、とても仕事を一緒にしようとは、思ってもらえないぞ。もっと自分を律しろ」と叱った。

ジェントルマンのスポーツを通じて、社交マナー、紳士精神、他人への思いやりを学んでもらいたい。

ライフヒストリー④

大統領からの招待、そしてキヤノングループ入り

私の人生に大きく影響を及ぼしたことに、オバマ大統領（当時）との出会いがある。２０１２年、突然ホワイトハウスから私のオフィスに電話があり、翌週の1月24日に予定されていたワシントンDCで行われる大統領の一般教書演説に、ファースト・レディの賓客席に私を招待するとのことだった。招待客は全米中からたった21人だ。

私は移民で、高学歴を取得し、母国（日本）に帰らずハイテクの医療機器開発製造会社を米国で創業し、米国人を雇用し、輸出に貢献したということで、日本人で初めて招待されることとなった。

このことで後日、大統領は「なぜ米国人ではなく外国人を招待するのか」と批判を受けた。私はそのときはグリーンカード（米国永住ビザ）保持者だったが、オバマ大統領にそのような批判が及び迷惑になってはいけないと思い、すぐに米国籍を取得した。それは同時に私の日本国籍が消失した瞬間でもあった。

米国籍を取得したことで、私はオバマ政権で2期（２０１３～17）、商務省長官直轄の米国製造業評議員として政策顧問を務めた。第2期目ではプリツカー商務長官のもとでエネルギー政策委員会の共同委員長にも任命され、政策づくりに従事した。

２０１６年には後に共和党の大統領候補の一人となったその当時のオハイオ州ジョン・ケーシック知事から、全米でも最大級規模（約12万人）のオハイオ州立大学（ＯＳＵ）の理事に任命された。これも州の公職であり、米国籍をもっていないとなれないない。

今はＯＳＵの人材・報奨・ガバナンス委員会の委員長も務めている。このほかに全米でもっとも古いコミュニティ財団であるクリーブランド財団の理事、またそのガバナンス委員会の委員長も務めている。米国民主党の重鎮で上院議員だった日系米国人ダニエル・イノウエさんが創設され、惜しまれながら２０２０年に他界された御夫人アイリーン・ヒラノ・イノウエさんが会長だった米日協会の評議員も私は務めており、米日関係のさらなる発展に微力ながら尽力している。

そして、２０１８年に河野太郎外務大臣（当時）から任命された在クリーブランド日本国名誉領事も米国籍を有していないとなれない公職である。不思議なものだ。高校生のときに目指していた外交官の職に、回り道をし、30数年かけて知らない間に関わるようになってしまうとは。

そして、2020年の1月には世界最高峰の医療機関の一つと言われるクリーブランド・クリニック・ヒルクレスト病院の理事長に任命された。医学に関わりたいと思った1991年には、まさか自分が世界的な病院の理事長になるとは想像もつかなかった。スティーブ・ジョブズが言ったように、人生とはいつかどこかで点と点がつながるものだ。

2019年もまた大きな変化があった年だ。11月、QEDはキヤノンに70%の株を売却し、連結子会社となった。これはキヤノンがカメラ事業から医療事業にシフトしていく流れの中で、MRI事業に力を入れるという方針の一環でお誘いいただいた。

ちょうど同時期にいくつかの医療機器メーカーからも買収のオファーがあったが、日本人である私は母国のキヤノンのために、またずっとお付き合いしていた綱川智さん（当時東芝メディカルシステムズ社長、現東芝社長）とキヤノンメディカルシステムズ社長の瀧口登志夫さんとの相互信頼関係もあり、母国の企業のために貢献しようと決断した次第だ。

私は自分が決めたことを途中で投げ出したり諦めたりすることが嫌いだ。しかし、そうは言っても、何でも自分の思いどおりにいくはずはなく、これまで挫折したことがたくさんある。ところが、今50代半ばになって半生を振り返ってみると、その数々の「挫折」に意味があったことがわかる。それらに意味を与えるのは他ならぬ自分である。挫折したことから何かを学び、修正しながら少しずつでも前進して行けばよいのだ。

第 5 章

コロナ後の未来を担うモノづくりの原点

Fail Fast!

コスト削減型モデルの再構築で自国でのモノづくりにこだわれ

人々が自由に行き来し、ビジネスが一国内に収まらないボーダーレスなグローバル社会において、各国が国益をどう守るか、という議論は非常に複雑なものだ。特に米国は多国籍・多民族国家で、国益の捉え方がさらに難しくなる。

Industrialist である私は以前にも**自国でモノをつくることの重要性、すなわち技術力を高め、モノをつくり続けることこそが国益・国力の源泉**である、と書いたことがある。トランプ前大統領の人格や言動には様々な人道的な立場からの批判があったが、私の周囲の米国人リーダーの中には、結果論としてトランプ氏をいまだに評価する人が多い。「貿易戦争」を起こして相手国から譲歩を引き出し、海外の有力企業が米国で雇用を増やす方針をとり、様々な投資が増えたからだ。

また、産業政策が重要になってくる。ハイテク覇権を狙う中国政府の中長期にわたる国を挙げた産業育成策「中国製造２０２５」に真っ向から反対し、ファーウェイなど最先端分野においてトランプ前政権は中国企業を排除した。まさに「米国ファースト」の怒号のもと、猪突猛進した。

一見無茶苦茶に見えたトランプ前大統領であったが、メディアやツイッターを通して、貿易赤字を容認しない姿勢や、基幹・先端技術による米国の覇権を維持し続ける強い意志を国内外に発信していたのだった。手段はどうであれ、その結果を評価しているリーダーが多いのも事実だ。

このような貿易不均衡になったことには理由がある。上場企業の経営者は株式市場の評価を気にして短期的な利益追求に陥りがちだ。資本主義における効率、要するに、利益を上げるために米国企業の多くはコスト低減の観点から、生産拠点や工場を海外に移してきた。米国内にはサプライチェーンもいらなくなり、気が付けば競争力のある価格では何もつくれなくなった。結果、海外から調達せざるを得なくなり、このことが貿易不均衡となっている根源だ。モノによっては中国からしか手に入らない場合もあり、国防の観点からも脅威となってきたことに、米国は身をもって気付き始めた。

日欧はどうだろうか。日本企業にも利益を重んじるあまり安い賃金の国外でモノを生産する傾向があるのではないだろうか。

いったん脆弱化した国内サプライチェーンは、一朝一夕で元に戻るようなものではない。社会主義が決してよいとは思わないが、そこに歯止めをかけるには、国を挙げた中長期の産業政策が重要になってくる。

この点で中国政府は大変したたかだ。海外企業に中国に資金だけでなく技術投資を長年にわたって行わせ、気付いたときには、中国は基幹・先端技術やインフラも含め「世界の工場・知的財産の集積地」となってしまった。ドイツのシーメンスが医療装置技術を中国で投資した結果、United Imaging という中国初の医療機器総合メーカーが誕生したことは、一つの例だ。

この貿易戦争を発端に、日米欧と中国が知財をめぐって競う構図が鮮明になってきた。そしてポールポジションをとるために、これまでの「投資」の揺り戻しが始まるだろう。

コスト削減を最重要課題として利益を上げる従来のビジネスモデルを見直す必要がある。これからの勝負の分かれ目は**官民とも中長期な視点だけでなく、国益をも視野に入れたモノづくりができるかどうか**である。要は官民まとめて「方向性」と「継続性」が問われているのである。

「規制のための規制」は無意味！トップは本質を見極めよ

米国でかつてトランプ政権が誕生した理由の一つに、課税や規制の強化に対する産業界の不満が爆発したことがある。例えば、オバマ政権は医療保険制度改革法、通称オバマケアを支える財源として、医療機器メーカーの国内売上に対して２・３％の追加連邦売上課税を行った。

健康保険制度の財源には、例えば健康を害するとはっきりわかっているタバコ業界などに課税すべきだと私は思う。多額のコストをかけて医療機器を開発し、国内で製造して雇用を創出しているにもかかわらず、どうして追加課税されるのか。

規制の問題は厄介だ。様々な産業規制があるが、重要なことは、**規制する側が何のための規制なのかという本質を見失わないことだ**。

時代と産業界に適合した正当性があるかという点を常に念頭におかなければならない。

本質を見失い、規制を強化することは産業の衰退、ひいては国力の低下につながる。このことを監督官庁は肝に銘じなければならない。

私は商務省長官直轄の米国製造業評議会の評議員として、様々な政策提言の場で「良識ある規制」の重要さを主張してきた。また、規制に関する立案を議論する際には、議論の場に関連する大企業だけでなく中小企業のメンバーも必ず入れ、その産業界のエコシステムを官僚や政治家すなわち立案者に理解させようと努めてきた。

例えば、医療機器のカバーを製造するプラスチックメーカーにも医療機器メーカーとしてのライセンス取得を要求しようという議論が出たことがある。しかし、最終製品の組み立てを行うメーカーがライセンスを取得しており、カバーを含む製品全体の認証を得たのであれば余分な規制となる。

「規制のための規制」は、製品価格を押し上げ製品開発にかかる時間を長引かせるだけだ。コストが安く規制の緩い、あるいは国策として保護されている海外メーカーに米国企業がどうやって立ち向かうのか。「やみくもな足し算」より「良識のある引き算」が大切だ。

QEDは医療機器開発メーカーとして、命に関わる製品をつくっているのだから、安全に関わる規制を受けることは当然である。社内の品質管理システムを整え、管理を徹底することは大変重要だ。

しかし、私が社員に常日頃言っていることは、「頭を賢く使え」ということだ。どうしても品質管理部門は規制に対して何でも新たなプロセスを足していく傾向にあり、引くことはしない。最終的に紙面上では「最高」の品質管理システムができる。そこには何をどうするか一挙手一投足まで細かく定義されており、逆に言うと、その決まりから少しでも外れると「不適合」ということになるのだ。

まさに「自分で自分の首を絞める」とはこのことだ。だから、柔軟性をともなう品質管理システムを構築するために「頭を賢く使え」ということになる。当社の究極の目的は品質管理システムをつくることではなく、患者に役立つ最良の医療機器製品をつくることだ。

経営者が規制と向き合う際も、その本質を見失ってはいけない。企業が世界で通用する競争力をつけ、産業全体を発展させるためには、監督官庁、経営者の双方が規制と正しく向き合わなければならない。

オープンイノベーションありきではなくまずは事業の未来像を描け

2006年にQEDを創業した際、まず注目したものの1つが3Dプリンターだった。当時は速く試作品ができるということで、3Dプリンターが使われはじめていたが、それで医療機器製品そのものを製造していた企業はまだなかった。

QEDが手掛けるMRIコイルの市場規模は、携帯電話のような汎用品のそれと比べるとはるかに小さい。だからコストがかかる金型を減価償却するためには、製品価格を上げて金型投資の回収をせざるを得ない。

しかし近年は世界的な医療業界の傾向として、高性能の新製品を出しても価格はより安くというのが常識になっている。そこで製品価格を下げるために3Dプリンターを導入すれば、金型コストをかけず、また金型製作にかかる数カ月の長い期間も省略できて競争力がつく、と考えたのである。

要するにデザインから製品化まで最短化という課題に創業当初から取り組み試行錯誤を重ね、３Ｄプリンターを使っての医療機器製品化プロセスを確立できた。近い将来、金型さえも３Ｄプリンターにより数時間でできるようになるだろう。

このように**新しい技術は従来の産業やモノのあり方さえも問い質す**。コモディティー化した製品しか提供できなくなった企業は熾烈なコスト競争に巻き込まれ苦しい経営を強いられる。それを回避するためには、独自の魅力ある技術を開発し、顧客が欲しいと思う付加価値を持った製品を提供し続けなければならない。

そのためには新しい要素技術を生み出すための研究開発投資が不可欠である。違う分野で発展してきた新技術が自分たちの分野でどういうイノベーションを起こしうるのか、ということを経営者は常に考えていなければならない。

２０１７年11月、ＱＥＤリサーチセンターを開所した。当時のオハイオ州知事ジョン・ケーシック氏をはじめ各界のリーダーが駆けつけてくれ、盛大な開所式となった。

この研究所は異業種間の技術交流を図り、オープンイノベーションのプラットフォーム構築を目的としている。ＭＲＩだけのプロ集団ではなく、他分野のエンジニア・医療技術者・アプリケーション専門家との横の連携を深めることで、患者への負担が少なく、医療機関にとってもコストパフォーマンスに優れた次世代の画像診断装置の開発をはじめ、様々な革新的な医療技術を開発することが目的だ。

例えば、マイクロソフトとケース・ウェスタン・リザーブ大学が共同開発したホロレンズ（ヴァーチャルあるいは混在リアリティ技術）を利用すれば画像撮像時に瞬時に手術プロセスのシミュレーションを表示することも可能だろう。

イノベーションは、突然何もないところから生まれるものではない。異分野の技術がある時間軸の一点で融合されることでイノベーションは起きる。その横の技術の連携をつなぐプラットホームとして発展させようということだ。

しかし注意点は、それらの技術が理解できる人材をチームに入れるだけでなく、製品化するためのマイルストーンを明確化し、その進捗状況を３６０度に近い視野で的確にマネジメントチームに報告できる目利きも入れることだ。

経営者は危機判断に対するカンや危機回避本能を研ぎ澄ませていなければならない。要は**失敗と判断しなければならないときには速く学び方向転換することが重要になってくる。まさに“Fail Fast!”である。**ダラダラ投資し、どこに向かっているのかわからない失敗をしないことだ。

出社9時、退社5時
それでも生産性が驚くほど高いドイツに倣え

医療機器業界に身をおいてもう20年以上になるが、その間、シーメンス、GE、東芝(現・キヤノンメディカル)等のグローバルメーカーとコラボレーションをしてきて、いつも不思議に思ってきたことがある。それはシーメンス、もっと言うとドイツの国民性だ。彼らは社長も含めてみんなが毎年1~2カ月の長い休暇を取る。しかも休暇中は仕事のことで連絡をとることはタブーとされる。

日常の業務をみても、始業は朝9時で、終業は遅くても夕方5時過ぎ。その間、長めの昼食やコーヒーブレークが入る。それでも彼らは毎年きちっと素晴らしい製品を出してくるし、世界でトップのポジションにある工業製品や産業機器も多い。

一方、日本や米国では、朝から晩までみんな本当に「よく働く」。休日出勤もよくある。

しかし結果を見てみると、成果にそんなに大差はない。一体この差はどこにあるのだろうか。

そのカギは生産性効率と集中度にあると思う。しかしこれは実に複雑なテーマだ。なぜなら、長い年月をかけて形成された文化、国民性、教育制度のあり方など、その国特有の様々な価値観が「働き方」に関わってくるからだ。

例えば進学教育にしても、放課後に塾に行って夜遅くまで受験勉強を行うのは日本だけだ。メリハリをつけずに幼少期から長く「働く」ことが脳にインプットされているのだ。これが長く働くことがまるで美徳のように、社会の価値観の根底に根を張っている。

ドイツは日米の対極にある。社会が仕事と家庭をはっきりと区別している。また早い年齢から進路も職業教育と高等教育とに分かれている。そうした価値観で国家が形成され、指導されているから、子どもにもメリハリが身につくのだろう。習慣や価値観は一朝一夕に変えられないが、どこかの時点で前に一歩踏み出さなければならない。

日本でも働き方と報酬のあり方の見直しが議論されているが、米国でもこれは大変難しい問題である。同一労働同一賃金と言われるが、何が公平なのか、という単純な問いにも完璧に正しい解答はない。それは、結局判断しているのが人間であり、主観が入るからだ。ただ、それを客観性のあるものに近づけることはできる。

私は社員に**数値化して測定できないものは向上・改善させることはできない**、とよく言っている。本能は大切だが感覚だけに頼るのは危険である。生産性をアップさせろ、と言ったところで各工程を測定し、数値化できなければ現状がわからない。だから「見える化」していくことがとても重要だ。

私が評価するのは革新的な技術を期限内に開発する技術者、実用化への道筋をつけるエンジニア、その技術をより短期間で製品化できるチーム、そしてその製品をより効率良く生産していくことに前向きに貢献できる人たちである。そういう人材に、より多くのインセンティブを与えるというのが、私が「公平」かつ「健全」と考える報酬のあり方だ。

リソースはいつだって有限だ。その限られた資産で価値を創出することは永遠の課題だ。**生産性を上げることで改善された利益を研究開発に再投資し、成果を上げた社員に還元することで、成長に向けた好循環が生まれる**。意識改革には時間がかかるが、知恵を絞り効率を上げ、メリハリをつけて働ける企業環境を整えていこう。

顔の見えるモノづくりこそが信頼されるブランドを育てる

愛用している腕時計に耳を傾けると「コチッカチッ」と美しい音色がする。1940年代につくられた手巻きのアンティーク時計は、ゼンマイのほどけてゆく音の波長がケースの空洞内で共振し美しい音を奏でている。その当時、時計は贅沢嗜好品で貴族や富裕階級が金に糸目をつけず、最高級の素材を用い匠の知恵と技で細部まで凝りに凝ってつくらせたそうだ。コンピューターもない時代に、本能と経験と豊かな感性で素晴らしいモノをつくり出した。

つくり手とは直接対話できないが、細部に宿る職人の技と魂に触れることで、愛着が湧き、持ち主にとって良き相棒となっていく。現代のモノは何でもインターネットにつながるのが当たり前になり便利になった。一方で頻繁に買い替えていくことを念頭においた製品も多くなり、モノにつくり手の魂を感じる機会も少なくなった。

私は便利さという名のもと、人間の感性が退化していくことを危惧する。モノづくりの本来の精神を失ってはならない。

日本のメーカーは素晴らしいモノをつくっている。課題は「顔の見えるモノづくり」をしているか、またそれをどのように顧客に伝えるかだ。**つくり手は取引先や顧客の前に出て、どういう気持ちでそのモノをつくったのかを熱く語らなければならない。**

かつてスティーブ・ジョブズは自ら熱く語り、iPhoneで世界や人々の生活を変えた。日産GT‐Rは水野和敏氏、またマツダ・ロードスターは「人馬一体」を唱えた貴島孝雄氏という技術者の顔が見える。

以前メルセデス・ベンツの幹部に、メルセデスのSクラスは高速で走ると「ゴーッ」と重低音がするが、なぜその音を消さないのかと聞くと、「重低音は静寂無音であるよりドライバーに安心感を与えるからだ」とのことだった。こういうことを公の場で語れる技術者やデザイナーが日本でも増えれば、ブランドづくりにもつながるはずだ。

医療機器メーカーであるQEDはMRIスキャナーに搭載・内蔵されるラジオ周波数の信号検出器（コイル）を開発、製造している。撮像画像の画質を決定するものにSNR（信号比）があり、信号比が高いほど画質が向上する。

当社の製品は業界で最も高い信号比が出るように電気回路の開発・最適化に専心しているが、開発担当者には国際学会などで成果を発表させたり、病院で直接ユーザーにヒアリングを行ったり、「顔の見える」技術者になっていくように積極的に機会を与えている。「QEDのコイルなら、あの技術者が開発したコイルなら、画質が良い」。この信頼性を顧客に届けるのが顔の見えるモノづくりである。

もっとも、顧客に対してだけではなく、**各工程においても携わる人の「顔」が見えないといけない**。検品の欄にこの人のサインがあれば品質は間違いないと思わせる信頼感の醸成が大切だ。

ただ単に上司に言われたからつくっているというのではなく、プライドと情熱を注ぎ込み、これは自分の分身だと思えるくらいのオーナーシップを持たなければならない。

そのために私は、プロジェクトの進捗状況などを、リーダーだけでなく、担当者にも直接報告させている。担当者がトップに対して自分の言葉で語ることで、責任を持つようになる。ブランドを育てるには一人ひとりの「顔（職人・技術者魂）の見えるモノづくり」の実践が欠かせない。

「この製品は5年後に残っているか」変化を促進する環境で起こるイノベーション

米国における最先端技術の研究開発やスタートアップの拠点というと、未だにシリコンバレーを想起する日本人が多いのではないだろうか。しかし、今、様々な要因（例えば、毎年起こる森林火災や地価の異常なまでの高騰）で米国では「シリコンバレー離れ」が起こり始めている。

テスラ創業者兼CEOのイーロン・マスク氏やオラクル創業者のラリー・エリソン氏もテキサス州に会社を移転することを2020年末に発表した。また、コロナ禍でリモートワーク、テレワークに人々が慣れて別に特定の場所に居なくてもいい、という考えが増えてきているのも事実だ。

シリコンバレーは、時間をかけてイノベーションを生み出す環境とは言えないようだ。私の親しい友人でマーク・クワミ氏という投資家がいる。彼は、もともとベンチャーキャピタル、セコイヤの基幹メンバーだった。セコイヤはアップルやグーグルを発掘し草創期から投資し育てた著名な投資会社だ。そのマークさんが私に以前こんなことを言った。

「シリコンバレーで創業していて投資家を必要としても5年も待ってくれる人はいない。シリコンバレーではアイデアを素早く売って1年以内に投資回収できない事業は生き残れない。だからシリコンバレーでは育つのに時間がかかる製造業は根づかないんだよ」

また、前述したが、Quality of Life（生活の質）が低いことも問題となっている。シリコンバレーがあるサンフランシスコ近郊では地価が高騰し、高額な教育費もあって平均的な4人家族で2500万円の年収がなければ「貧困家庭」と揶揄される。渋滞で通勤に往復数時間かかることも問題視されている。

そこで様々な要因が重なって〝Beyond Silicon Valley〟という動きが生まれてきているのだ。ニューヨーク、ワシントンDC、セントルイス、ボストン、シアトル等の都市だ。その地域にあった産業誘致・育成のために官民学一体となって知恵を絞って様々なプログラムを打ち出している。

医療産業都市クリーブランドもその一つだ（2021年春には州政府からクリーブラ

ンドはクリーブランド・クリニックを中心とした医療産業イノベーションディストリクトとして550億円の助成金が授与された)。前出のマークさんは前オハイオ州知事ジョン・ケーシック氏に請われ、何と年収1ドルで同州の産業創造・育成を支援するために2011年に設立された準政府機関JobsOhioの初代CEOとしてシリコンバレーから移って来た。彼は私が医療機器製造業を起こし、投資家も入れずに成長させていることに興味を示し何度も当社に足を運んでくれた。

デジタル化がどれだけ進もうといつの時代もモノはなくならない。彼はそうした製造業のポテンシャルを再発見し、先進的なモノづくりを長い目で育成できる環境を整える政策を打ち出してくれた。

イノベーションを起こすには、それを促進する環境に加え、企業が未来に起こる変化を予測して研究開発するほかない。最先端技術が激変しているグローバル環境で「この製品が5年後に残っているだろうか」と自問自答してみる必要がある。

ただし、単に変化に適応するだけではいけないし、テクノロジーありきの研究開発では世の中のニーズを見落としてしまう。

変化を予測できない企業は滅びる。私はいつも部下に「社会を変えてしまうインパクトをもつイノベーションを検知できる感覚をもて」と言っている。そのためには、異分野でどのような新しい技術が出てきているのかを知る必要がある。なぜなら**イノベーションはある時間軸の1点で異分野の技術が融合することで生まれる**からだ。iPhoneもドローンもそうだ。

今や、ほとんどすべてのアプリケーションのプラットフォームになり、手の中に収まるデバイスであるiPhone。スティーブ・ジョブズによって生み出された「自分と外界をつなぐ四次元ボックス」により世の中は激変中だ。

私がMRI部門のCTOを兼務するキヤノンも、カメラの世界市場でナンバーワンであるが、既存のカメラの価値観を根本からアップルに破壊された。そこでイメージングをプラットフォームとしながらも他社ではできない医療サービスビジネスへのシフトを遂行中だ。

未来を予測できる人材を育てるためには、変化が常にあり多種多様な価値観を提供する環境が不可欠だ。日本社会はもっと既成概念・レール・価値観をぶっ壊さないといけない。

人生とはまさに点と点をつなぐもの 点が紡ぎ出す未来を拓け

「人生は小説よりも奇なり」である。私が日本政府より在クリーブランド日本国名誉領事（新設）に任命されたのは２０１８年11月28日のことである。名誉領事は、日本の在外公館が設置されていない地域において、日本及び日本国民の利益の保護、外国との文化交流の促進等を図ることを目的として、相手国の国籍を持つものが任命される。

職務内容は主に、①日系企業への支援、②大使館または総領事館が現地で文化交流活動を行う際の支援である。要は、当地日本コミュニティーに利益をもたらすとともに、日米関係のさらなる強化につながるよう活動していくことが期待されている。

オハイオ州クリーブランドはかつて鉄鋼産業で栄え、ロックフェラーをはじめ数々の著名な実業家を輩出した米国有数の都市である。今は衰退した重工業にかわり、クリーブランド・クリニックやケース・ウェスタン・リザーブ大学をはじめ有力な病院や研究機関、またキヤノンメディカル、日立ヘルスケア米国（現・富士フイルムヘルスケア）、GE、フィリップス等の企業が集まる世界的な医療産業都市として知られている。また、オハイオ州にはホンダやブリヂストンなどの日系企業が進出しており、日本は同州にとって最大の投資国である。

文化の面では、クリーブランド管弦楽団やクリーブランド美術館、プロスポーツではMLBのインディアンス、NFLのブラウンズ、NBAのキャバリアーズの地元である。そのような観点から当地は日本にとって重要な政治・経済・文化拠点であり、新設された在クリーブランド日本国名誉領事としてさらなる発展のために貢献する所存だ。

コラムで前述したが、私は祖父と叔父が外交官であったこともあり、物心ついたころより、将来は外交官になりたいと漠然と思っていた。しかし、日本でそうなるためには大学で文系（法学や経済学）を専攻し、外務公務員採用I種試験に合格することが規定路線であった。理系が得意であった私には、どうして「文系専攻」という既成概念がまかり通り、技術に精通している理系の人間には外交官の道が開かれていなかったのか、理解できなかった。

１９８０年代後半、早稲田大学在籍中にカリフォルニア大学サンディエゴ校への留学がきっかけで、自分のやる気次第で何事にもチャレンジできる〝Land of Opportunities〟の米国社会の精神性に共鳴して渡米した。大学院博士課程を修了後、米国の企業に就職し経験を積んだ。そして２００６年にクリーブランドで医療機器開発・製造会社ＱＥＤを創業した。

起業してからこれまでの間には、オバマ大統領（当時）の一般教書演説でファースト・レディー貴賓席に招待されたり、商務省長官の顧問を2期務めたりと、様々なことがあった。そして今回の名誉領事任命となった。

２０１９年の冬には、ＱＥＤはキヤノンの傘下に入った。50代になって、初めて日系の企業に籍を置くことになった。

渡米して約30年、冒頭で触れたように、もともと志望していた外交に関わる職務にあたれることは感慨深い。アップルの創業者スティーブ・ジョブズがスタンフォード大学の卒業式でのスピーチ〝Connecting the Dots〟で述べたように、**人生はまさに点と点をつないでいくものだ**。そのつながれた線は現時点から過去を振り返ってみないとわからない。ただ、いつかその点が紡いでいく未来がきっと素晴らしいものと信じ、一歩ずつ歩いていくことの尊さを就任にあたってかみしめている。

著者略歴　**藤田浩之**（ふじた・ひろゆき）

1966年7月27日、奈良県生まれ。1998年、米国ケース・ウェスタン・リザーブ大学（CWRU）物理学科博士課程修了、物理学博士。クリーブランド・クリニック・ヒルクレスト病院理事長。在クリーブランド日本国名誉領事。ゼネラル・エレクトリック（GE）を退社後の2006年、医療機器開発製造会社クオリティー・エレクトロダイナミクス（Quality Electrodynamics（QED））を創業。現在､社長兼CEO（最高経営責任者)。2012年、バラク・オバマ大統領の一般教書演説の際、大統領夫人貴賓席に日本人として初めて招待される。オハイオ州立大学､沖縄科学技術大学院大学､クリーブランド管弦楽団、クリーブランド財団、米日協会などの理事も兼任。2019年11月1日付けでQED株の持分70%をキヤノン株式会社に売却し、キヤノンの連結子会社化と同時に、キヤノンメディカルシステムズ株式会社CTMR事業統括部CTO（最高技術責任者）に任命される。著書に『道なき道を行け』（小学館）がある。

Fail《フェイル》 Fast《ファスト》! 速《はや》い失敗《しっぱい》が未来《みらい》を創《つく》る
コロナ後を勝ち抜く36の視点

2021年8月20日　初版第1刷発行

著　　者　藤田浩之
発 行 者　江尻 良
発 行 所　株式会社ウェッジ
〒101-0052 東京都千代田区神田小川町1丁目3番地1
NBF小川町ビルディング3階
電話 03-5280-0528　FAX03-5217-2661
https://www.wedge.co.jp/　振替 00160-2-410636

装幀・組版　佐々木博則
印刷・製本　株式会社暁印刷

※定価はカバーに表示してあります。
※乱丁本・落丁本は小社にてお取り替えいたします。

ISBN978-4-86310-239-2　C0034